改訂版　聞いて覚える中国語単語帳

キクタン

中国語
【入門編】
中検準4級レベル

アルク

はじめに

「キクタン 中国語」シリーズとは

ベストセラー 「キクタン」の中国語版

単語を聞いて覚える"「聞く」単語集"、すなわち「キクタン」。「キクタン」シリーズはアルクの英単語学習教材として始まりました。本シリーズは音楽のリズムに乗りながら楽しく語彙を学ぶ「チャンツ」という学習法を採用し、受験生から TOEIC® のスコアアップを狙う社会人まで、幅広いユーザーの支持を受けています。本書は、この「キクタン」をベースにした中国語の単語帳です。

中国語検定準4 級レベルや
HSKの1〜2級レベルの単語と文型も
学習できる

改訂版では内容を一新し、過去数年間の中国語検定試験で使用されている語彙、外国人に対する中国語教育のために制定された HSK（汉语水平考试）の語彙、中国語を扱った複数のコーパスを基礎データに中国語学習の入門時期に覚えて欲しい単語を588 語収録しました。また例文も日常生活ですぐに使える表現を中心に、基本的な文型を用いて作られており、入門者には最適な学習書となっています。

だから「効果的に学べる」!

本書の**4**大特長

1 過去の中検問題を徹底分析

中国語検定試験で使用されている語彙、外国人に対する中国語教育のために制定された HSK（汉语水平考试）の語彙、中国語を扱った複数のコーパスを基礎データに中国語学習の入門時期に覚えて欲しい単語を 588 語収録しました。

2 「耳」と「目」をフル活用して覚える!

本書では音楽のリズムに乗りながら楽しく単語の学習ができる「チャンツ」を用意。「目」と「耳」から同時に単語をインプットし、さらに「口」に出していきます。また、日本人が苦手とするピンインや声調もチャンツで覚えることができます。

3 1日12語、7週間のスケジュール学習!

「ムリなく続けられること」を前提に、1日の学習語彙量を 12 語に設定しています。さらに 7 週間、49 日間の「スケジュール学習」ですので、ペースをつかみながら効率的・効果的に語彙を身に付けていくことができます。音声にはチャンツだけでなく、例文の音声も収録しているので、音声を聞くだけでもしっかり学習できます。

4 +α語彙や付録も充実!

本書では、中国語を学習する際に知っておきたい知識やこのレベルで覚えたい語彙やフレーズも多数掲載しています。これから中国語を始めたい人から試験合格を目指す人まで、必要に合わせてご利用いただけます。

本書とダウンロード音声の利用法

1日の学習量は 4 ページ、学習語彙数は 1 トラック 12 語です。

見出し語

この日に学習する 12 語がピンインと一緒に掲載されています。
✎は、日本の漢字と形が違うものを表しています。

定義

赤字は最も一般的に用いられる定義です。チャンツ音声ではこの赤字を読み上げています。
定義の前に表示されている記号の意味は次のようになります。

名 名詞　動 動詞　形 形容詞
副 副詞　量 量詞　代 代詞
助 助詞　助動 助動詞　接 接続詞（連詞）
前 前置詞（介詞）　嘆 嘆詞

Tips

見出し語や中国語について「ちょっと知っておきたいこと」をまとめました。
学習の参考にしてください。

---

4 ▶ 5

中国といえば一人っ子政策が有名ですが、2014年に廃止されました。これからは兄弟関連の単語も大事ですね。

1日目

名詞1	

Check 1　　🎧 001

□ 001
爸爸
bàba

名 父、お父さん
我爸爸 wǒ bàba　私の父
関 父亲 fùqīn（父親）
口語では"爸" bà のように 1 字で呼びかけに使うこともある

□ 002 ✎繁
妈妈
māma

名 母、お母さん
我妈妈 wǒ māma　私の母
関 母亲 mǔqīn（母親）
口語では"妈" mā のように 1 字で呼びかけに使うこともある

□ 003
哥哥
gēge

名 兄、お兄さん
我哥哥 wǒ gēge　私の兄
関 兄弟 xiōngdì（兄弟）
口語では"哥" gē のように 1 字で呼びかけに使うこともある

□ 004
姐姐
jiějie

名 姉、お姉さん
一个姐姐 yí gè jiějie　1 人の姉
関 姐妹 jiěmèi（姉妹）
口語では"姐" jiě のように 1 字で呼びかけに使うこともある

□ 005
弟弟
dìdi

名 弟
两个弟弟 liǎng ge dìdi　2 人の弟
呼びかけには使えない

□ 006
妹妹
mèimei

名 妹
三个妹妹 sān ge mèimei　3 人の妹
呼びかけには使えない

継続
▼

Check 2　　🎧 050

我爸爸身体很健康。
Wǒ bàba shēntǐ hěn jiànkāng.
私の父は体が健康です。

我妈妈是小学老师。
Wǒ māma shì xiǎoxué lǎoshī.
私の母は小学校の先生です。

我哥哥喜欢看电影。
Wǒ gēge xǐhuan kàn diànyǐng.
私の兄は映画を見るのが好きです。

我有两个姐姐。
Wǒ yǒu liǎng ge jiějie.
私には姉が 2 人います。

我没有弟弟。
Wǒ méiyǒu dìdi.
私には弟はいません。

我妹妹今年十五岁。
Wǒ mèimei jīnnián shíwǔ suì.
私の妹は今年 15 歳です。

継続
▼

1日目
2日目
3日目
4日目
5日目
6日目
7日目
巻末付録

12・13

語注

よく使うフレーズや関連語、よくつく量詞、注意すべき点などを掲載しています。記号の意味は次のようになります。

関 関連語や追加の解説など
⟳ 同一の漢字で、複数読み方があるもの
🔊 聞き間違えやすい同音異義語
＝ 同義語
⇔ 反義語
❗ 日本語と同じ漢字でも意味・用法が違うため、注意すべき語彙
量 見出し語に対応する量詞

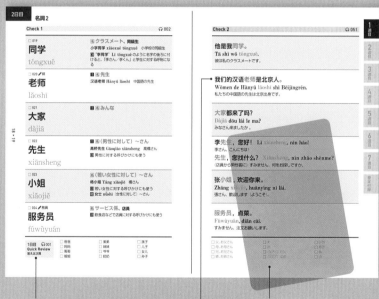

QuickReview
前日に学習した語彙のチェックリストです。左ページに中国語、右ページに日本語を掲載しています。日本語は赤シートで隠すことができます。

例文
見出し語と派生語を含む中国語の例文と日本語訳を掲載しています。よく使われる表現を選び、自然な中国語になるようにしていますので、少しレベルの高い語彙を含む文を採用しているものもあります。

チェックシート
本書に付属しているチェックシートは復習用に活用してください。Check1 では定義とピンインが身に付いているか、Check2 では訳を参照しながら、隠されている語がすぐに浮かんでくるかを確認しましょう。

Check1 では定義とピンインが身に付いているか、
Check2 では訳を参照しながら、
隠されている語がすぐに浮かんでくるかを確認しましょう。
1日の学習量は4ページ。学習単語数は 12 語となっています。
1つの見出し語につき、定義を学ぶ「Check 1」、
例文の中で単語を学ぶ「Check 2」があります。
まずは「チャンツ音楽」のリズムに乗りながら、
見出し語と定義を「耳」と「目」で押さえましょう。

Check1 🎧
該当のトラックを呼び出し、見出し語とその意味をチェック!
まずはしっかり単語を覚えましょう。

Check2 🎧
見出し語を含む例文をチェック!
実践的な例に触れることで、理解度が高まります。

まとめて覚えよう！
テーマ別に学習したほうが
覚えやすい・使いやすい単
語を1週間に1つのテーマ
でまとめています。

巻末付録
中国語学習に役立つ、「準
4級レベルで覚えたい 方位
詞・量詞・数詞」「中国語
の発音」「よく使うフレーズ」
を掲載しています。復習や
基礎固めに利用してくださ
い。

おすすめの学習モード

見出し語だけを聞く「チャンツモード」
学習時間：2 分

忙しいときには Check1 の「チャンツ音楽」
を聞き流すだけでも OK！ できれば、チャン
ツを聞いた後にマネして発音してみましょう。

見出し語も例文も聞く「しっかりモード」
学習時間：8 分

やるからにはしっかり取り組みたい人は、
Check1 の「チャンツ音楽」と Check2 の「例
文音声」、どちらも学習しましょう。例文も声
に出してみることで、定着度がアップします。
正しい発音や声調を意識して「音読」してみ
てください。余裕のあるときは、語注の内容
もしっかり押さえましょう。

音声の構成

本書では「見出し語」(チャンツ)と「例文」の音声データを提供しています。
音声は以下のような構成になっています。

■ 見出し語

チャンツに乗せて「中国語→日本語(定義)→中国語」の
パターンで読んでいます。

中国語		日本語		中国語
爸爸	→	お父さん	→	爸爸

■ 例文

読み上げ音声を「中国語の見出し語→日本語(定義)→中国語例文」の
パターンで収録しています。(チャンツ形式ではありません)

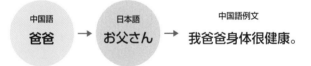

中国語 爸爸 → 日本語 お父さん → 中国語例文 我爸爸身体很健康。

音声ダウンロードについて

本書の音声は無料でダウンロードしていただけます。

パソコンでダウンロードする場合

以下のURLで「アルク・ダウンロードセンター」にアクセスの上、画面の指示に従って、音声ファイルをダウンロードしてください。
【URL】https://portal-dlc.alc.co.jp
【商品コード】7021031

スマートフォンでダウンロードする場合

以下のURLから学習用アプリ「booco」をインストールの上、ホーム画面下「探す」から本書を検索し、音声ファイルをダウンロードしてください。
【URL】https://www.booco.jp/

※本サービスの内容は、予告なく変更する場合がございます。あらかじめご了承ください。

中検について

「中検」は、「中国語検定試験」の略称で、日本中国語検定協会によって実施されている、主に日本語を母語とする中国語学習者を対象に中国語の学習到達度を測定する試験です。

1981 年秋に第1回中国語検定試験が実施されて以降、評価基準、評価方法に検討が加えられ、今日まで回を重ねてきました。

準4級合格の認定基準

準4級試験は、「中国語学習の準備完了」に基準が置かれています。
出題内容は、以下のように定められています。

- **基礎単語約 500 語による発音（ピンイン表記）及び単語の意味**

- **日常挨拶語約 50 ～ 80 による語句・単文の中国語訳**

> 準4級に合格すれば、
> 学習を進めていく上での
> 基礎的知識を身につけていると
> 言えるでしょう。

※詳しい情報については下記にお問い合わせください。

一般財団法人 日本中国語検定協会

〒103-8468 東京都中央区東日本橋2-28-5 協和ビル
電話番号：03-5846-9751　メールアドレス：info@chuken.gr.jp
ホームページ：http://www.chuken.gr.jp

中国語について

■『キクタン中国語』で学ぶ「中国語」

これから学ぶ「中国語」は、中国の全人口の9割以上を占める漢族の言葉である"汉语"、その共通語である"普通话"です。"普通话"は中国政府が公用語として制定しており、地域や民族を問わず、中国大陸で広く普及しています。また香港・マカオ・台湾・シンガポール、そして世界各地の華僑、華人のコミュニティで用いられる中国語も発音や文法、単語に違いがありますが、ここでいう中国語と基本的に同じものになります。

■ 中国語の文字

中国語の表記には漢字が用いられます。中国では1950年代に漢字を簡略化する一連の法案が出され、従来の漢字を簡略化した"简体字"（簡体字）を正式な文字として使用しています。一方、当時の中国の政治体制下になかった香港、マカオ、台湾では従来のままの漢字が使われており"繁体字"（繁体字）と呼ばれています。本書では簡体字のみを扱います。

	簡体字	日本の常用漢字
日中で同じもの	中　文　人	中　文　人
日本の漢字と異なるもの	飞　从　汉	飛　従　漢
日本の旧字体と同じもの	徳　海　黒	徳　海　黒
似ているようで違うもの	差　花　骨	差　花　骨

■ 中国語の単語

中国語の単語は一部アルファベットが入るものがありますが、基本的に漢字で構成されます。"中国"や"猫"のように日本語と意味が同じものは発音さえ覚えれば大丈夫ですが、"走"（歩く）"大家"（みんな）のように字形は同じですが意味が全く異なるものは注意する必要があります。本書では❗マークをつけています。そして"沙发"（ソファー）"本子"（ノート）のように日本語と全く異なるものは字形、意味の両方を新たに覚える必要があります。

	中国語	日本語
日本語と意味も字形も同じもの	中国　猫　笑	中国　猫　笑う
日本語と字形は同じだが 意味が異なるもの	走　大家	歩く　みんな
日本語と全く異なるもの	沙发　本子 这里　卡拉OK	ソファー　ノート ここ　カラオケ

目次

1日12語、7週間で中国語検定準4級レベルの588語をマスター!

1週目

2週目

3週目

4週目

5週目

6週目

7週目

方位詞
量詞・数詞

その他

キクタン中国語

1 週目

✓ 学習したらチェック!

■ 1日目 名詞1

■ 2日目 名詞2

■ 3日目 名詞3

■ 4日目 動詞1

■ 5日目 形容詞1

■ 6日目 副詞1

■ 7日目 代詞1

中国語で言ってみよう!

先生、頭が痛いです。

(答えは 026)

Check 1   🎧 001

□ 001

爸爸
bàba

名**父、お父さん**
我爸爸 wǒ bàba　私の父
関 父亲 fùqin（父親）
語 口語では"爸" bà のように 1 字で呼びかけに使うこともある

□ 002 ✏妈

妈妈
māma

名**母、お母さん**
我妈妈 wǒ māma　私の母
関 母亲 mǔqin（母親）
語 口語では"妈" mā のように 1 字で呼びかけに使うこともある

□ 003

哥哥
gēge

名**兄、お兄さん**
我哥哥 wǒ gēge　私の兄
関 兄弟 xiōngdì（兄弟）
語 口語では"哥" gē のように 1 字で呼びかけに使うこともある

□ 004

姐姐
jiějie

名**姉、お姉さん**
一个姐姐 yí ge jiějie　1 人の姉
関 姐妹 jiěmèi（姉妹）
語 口語では"姐" jiě のように 1 字で呼びかけに使うこともある

□ 005

弟弟
dìdi

名**弟**
两个弟弟 liǎng ge dìdi　2 人の弟
語 呼びかけには使えない

□ 006

妹妹
mèimei

名**妹**
三个妹妹 sān ge mèimei　3 人の妹
語 呼びかけには使えない

继续
▼

12 ▶ 13

中国といえば一人っ子政策が有名ですが、2014年に廃止されました。これからは兄弟関連の単語も大事ですね。

1週目
2週目
3週目
4週目
5週目
6週目
7週目
量詞・数詞 方位詞
その他

Check 2 🎧 050

我**爸爸**身体很健康。

Wǒ bàba shēntǐ hěn jiànkāng.

私の父は体が健康です。

我**妈妈**是小学老师。

Wǒ māma shì xiǎoxué lǎoshī.

私の母は小学校の先生です。

我**哥哥**喜欢看电影。

Wǒ gēge xǐhuan kàn diànyǐng.

私の兄は映画を見るのが好きです。

我有两个**姐姐**。

Wǒ yǒu liǎng ge jiějie.

私には姉が2人います。

我没有**弟弟**。

Wǒ méiyǒu dìdi.

私には弟はいません。

我**妹妹**今年十五岁。

Wǒ mèimei jīnnián shíwǔ suì.

私の妹は今年15歳です。

継続
▼

Check 1　　　　　　　　　　　　　　　　　　　🎧 001

□ 007 ✎爺
爷爷
yéye

图（父方の）祖父、おじいさん
我爷爷 wǒ yéye　私の祖父
関 **姥爷** lǎoye（（母方の）祖父）

□ 008
奶奶
nǎinai

图（父方の）祖母、おばあさん
我奶奶 wǒ nǎinai　私の祖母
関 **姥姥** lǎolao（（母方の）祖母）

□ 009
孩子
háizi

图**子供**
他孩子 tā háizi　彼の子供

□ 010 ✎児
儿子
érzi

图**息子**
我儿子 wǒ érzi　私の息子

□ 011 ✎児
女儿
nǚ'ér

图**娘**
我女儿 wǒ nǚ'ér　私の娘
圄 "a" "o" "e" で始まる音の前に音節がある場合、
前の音節と区別するために "'" をつける
天安门 Tiān'ānmén　**西安** Xī'ān

□ 012 ✎孫
孙子
sūnzi

图**孫**
他孙子 tā sūnzi　彼の孫

这是我爷爷。
Zhè shì wǒ yéye.
こちらは私の祖父です。

我奶奶今年七十岁了。
Wǒ nǎinai jīnnián qīshí suì le.
私の祖母は今年 70 歳になりました。

你有几个孩子?
Nǐ yǒu jǐ ge háizi?
あなたは何人子供がいますか。

他儿子今年五岁了。
Tā érzi jīnnián wǔ suì le.
彼の息子は今年 5 歳になりました。

我有一个女儿。
Wǒ yǒu yí ge nǚ'ér.
私は娘が 1 人います。

我孙子很聪明。
Wǒ sūnzi hěn cōngming.
私の孫は賢いです。

□ 013

人

rén

名 人

□ 014

客人

kèren

名 客

一位客人 yí wèi kèren 1人の客

□ 015

朋友

péngyou

名 友達

很多朋友 hěn duō péngyou 多くの友達

関 **好朋友** hǎo péngyou（親友）

老朋友 lǎo péngyou（古い友人）

□ 016

学生

xuésheng

名 学生

很多学生 hěn duō xuésheng 多くの学生

圏 中国語の "学生" は日本語の「児童、生徒、学生」全部の意味がある "学生食堂" のように熟語になるとき "生" は第1声で発音する

□ 017

大学生

dàxuéshēng

名 大学生

很多大学生 hěn duō dàxuéshēng 多くの大学生

関 **高中生** gāozhōngshēng（高校生）、**初中生** chūzhōngshēng（中学生）、**小学生** xiǎoxuéshēng（小学生） 圏 "生" は第1声で発音する

□ 018

留学生

liúxuéshēng

名 留学生

中国留学生 Zhōngguó liúxuéshēng 中国人留学生

圏 "生" は第1声で発音する

继续
▼

"生"という漢字は"学生"では軽声、"大学生"(017)では第1
声。単語によって声調が変わる場合があります。

Check 2 🎧 051

教室里有很多人。
Jiàoshì li yǒu hěn duō rén.
教室にはたくさん人がいます。

他是我的客人。
Tā shì wǒ de kèren.
彼は私のお客さんです。

我有很多中国朋友。
Wǒ yǒu hěn duō Zhōngguó péngyou.
私にはたくさんの中国人の友達がいます。

我是学生。
Wǒ shì xuésheng.
私は学生です。

我哥哥是大学生。
Wǒ gēge shì dàxuéshēng.
私の兄は大学生です。

我们大学有很多外国留学生。
Wǒmen dàxué yǒu hěn duō wàiguó liúxuéshēng.
私たちの大学にはたくさんの外国人留学生がいます。

継続
▼

Check 1　　　　　　　　　　　　🎧 002

□ 019
同学
tóngxué

名 クラスメート、同級生

小学同学 xiǎoxué tóngxué　小学校の同級生
囲 **"李同学"** Lǐ tóngxué のように名字の後ろにつけると、「李さん／李くん」と学生に対する呼称になる

□ 020 ✏師
老师
lǎoshī

❗ 名 先生

汉语老师 Hànyǔ lǎoshī　中国語の先生
量 **位** wèi

□ 021
大家
dàjiā

❗ 名 みんな

□ 022
先生
xiānsheng

❗ 名 （男性に対して）〜さん

高桥先生 Gāoqiáo xiānsheng　高橋さん
囲 男性に対する呼びかけにも使う

□ 023
小姐
xiǎojiě

名 （若い女性に対して）〜さん

杨小姐 Yáng xiǎojiě　楊さん
囲 若い女性に対する呼びかけにも使う
関 **女士** nǚshì （女性に対して）〜さん

□ 024 ✏務員
服务员
fúwùyuán

名 サービス係、店員

囲 飲食店などで店員に対する呼びかけにも使う

| 1日目　🎧 001 Quick Review 答えは次頁 | □ 爸爸 □ 妈妈 □ 哥哥 □ 姐姐 | □ 弟弟 □ 妹妹 □ 爷爷 □ 奶奶 | □ 孩子 □ 儿子 □ 女儿 □ 孙子 |

他是我同学。
Tā shì wǒ tóngxué.
彼は私のクラスメートです。

我们的汉语老师是北京人。
Wǒmen de Hànyǔ lǎoshī shì Běijīngrén.
私たちの中国語の先生は北京出身です。

大家都来了吗?
Dàjiā dōu lái le ma?
みなさん来ましたか。

李先生，您好! Lǐ xiānsheng, nín hǎo!
李さん、こんにちは!

先生，您找什么? Xiānsheng, nín zhǎo shénme?
(店員から男性客に) すみません、何をお探しですか。

张小姐，欢迎你来。
Zhāng xiǎojiě, huānyíng nǐ lái.
張さん、歓迎します (ようこそ)。

服务员，点菜。
Fúwùyuán, diǎn cài.
すみません、注文お願いします。

☐ 父、お父さん	☐ 弟	☐ 子供
☐ 母、お母さん	☐ 妹	☐ 息子
☐ 兄、お兄さん	☐ (父方の)祖父	☐ 娘
☐ 姉、お姉さん	☐ (父方の)祖母	☐ 孫

□ 025

医生

yīshēng

名 **医者**

□ 026

大夫

dàifu

名 **医者**

🈯 北京では医者に対する呼びかけとしては、"**医生**"よりも使われる

🔄 形 大 dà → 049

□ 027

护士

hùshi

名 **看護師**

□ 028 ✏機

司机

sījī

名 **運転手**

出租车司机 chūzūchē sījī　タクシー運転手

□ 029

名字

míngzi

❗ 名 **名前**

🈯 姓と名前の両方を指すが、"你姓什么？一我姓〇""名字叫什么？一名字叫××"のような会話の場合、××は名前のみを答える

□ 030

生日

shēngrì

名 **誕生日**

过生日 guò shēngrì　誕生日を祝う

🈚 **生日快乐！** Shēngrì kuàilè!（お誕生日おめでとう！）

継続
▼

Check 2　　🎧 052

我想当医生。
Wǒ xiǎng dāng yīshēng.
私は医者になりたいです。

大夫，我的头很疼。
Dàifu, wǒ de tóu hěn téng.
先生、頭が痛いです。

我想当护士。
Wǒ xiǎng dāng hùshi.
私は看護師になりたいです。

他爸爸是司机。
Tā bàba shì sījī.
彼の父親は運転手です。

你叫什么名字?
Nǐ jiào shénme míngzi?
あなたの名前［氏名］は何と言いますか。

你的生日是几月几号?
Nǐ de shēngrì shì jǐ yuè jǐ hào?
あなたの誕生日は何月何日ですか。

継续
▼

Check 1 🎧 003

□ 031 ✏️紀
年纪
niánjì

名 **年龄**
関 名 年级 niánjí → 114

□ 032
狗
gǒu

名 **犬**
养狗 yǎng gǒu　犬を飼う
語 犬を数えるときは "**一条狗** yì tiáo gǒu"、または "**一只狗** yì zhī gǒu" と言う
犬の鳴き声は、"**汪 wāng**"

□ 033
猫
māo

名 **猫**
一只猫 yì zhī māo　1匹の猫
語 猫の鳴き声は "**喵 miāo**"

□ 034 ✏️鳥
鸟
niǎo

名 **鳥**
一只鸟 yì zhī niǎo　1羽の鳥

□ 035 ✏️馬
马
mǎ

名 **馬**
骑马 qí mǎ　馬に乗る

□ 036
熊猫
xióngmāo

名 **パンダ**
大熊猫 dàxióngmāo　ジャイアントパンダ

2日目 🎧002
Quick Review
答えは次頁

☐ 人　　☐ 大学生　　☐ 大家
☐ 客人　　☐ 留学生　　☐ 先生
☐ 朋友　　☐ 同学　　☐ 小姐
☐ 学生　　☐ 老师　　☐ 服务员

您多大年纪?
Nín duō dà niánjì?
おいくつですか。

我家有两只狗。
Wǒ jiā yǒu liǎng zhī gǒu.
私の家には犬が 2 匹います。

我家有一只猫。
Wǒ jiā yǒu yì zhī māo.
私の家には猫が 1 匹います。

树上有一只鸟。
Shù shang yǒu yì zhī niǎo.
木に鳥が 1 羽います。

我的爱好是骑马。
Wǒ de àihào shì qí mǎ.
私の趣味は乗馬です。

我想去四川看大熊猫。
Wǒ xiǎng qù Sìchuān kàn dàxióngmāo.
私は四川にジャイアントパンダを見に行きたいです。

□ 人	□ 大学生	□ みんな
□ 客	□ 留学生	□ (男性に対して)～さん
□ 友達	□ クラスメート	□ (若い女性に対して)～さん
□ 学生	□ 先生	□ サービス係

□ 037 **是** shì	**動** ~である **語** 否定は "不 bù" を前につけ "不是 bú shì"（~でない）
□ 038 **去** qù	**動** 行く 去美国 qù Měiguó　アメリカに行く **語** "去 qù" + 場所 の形で使う
□ 039 **来** lái	**動** 来る 来日本　lái Rìběn　日本に来る **語** "来" は人に呼びかけて「さあ」と促すときにも使う **語** "来 lái" + 場所の形で使う
□ 040 **有** yǒu	**動** ある、いる、持っている 有人 yǒu rén　人がいる
□ 041 ✐没 **没有 / 没** méiyǒu/méi	**動** ない、いない、持っていない 没有时间 méiyǒu shíjiān　時間がない →副 062
□ 042 **在** zài	**!** **動** いる、ある 在家 zài jiā　家にいる →副 327　前 567

継続
▼

Check 2 🎧 053

他不是中国人，是日本人。

Tā bú shì Zhōngguórén, shì Rìběnrén.

彼は中国人ではなく、日本人です。

田中明年去中国。

Tiánzhōng míngnián qù Zhōngguó.

田中さんは来年中国に行きます。

今天高桥来了吗?

Jīntiān Gāoqiáo lái le ma?

今日高橋さんは来ましたか。

你有词典吗?

Nǐ yǒu cídiǎn ma?

辞書を持っていますか。

我没有钱。

Wǒ méiyǒu qián.

私はお金を持っていません。

我爸爸不在家。

Wǒ bàba bú zài jiā.

父は家にいません。

继续
▼

Check 1　🎧 004

□ 043	動 **欲しい**
要	**要钱** yào qián　お金が欲しい
yào	→助動 212

□ 044	動 **見る、読む**
看	**看书** kàn shū　本を読む
kàn	**看电影** kàn diànyǐng 映画を見る

□ 045 ✏聴	動 **聞く**
听	**听音乐** tīng yīnyuè　音楽を聞く
tīng	

□ 046 ✏写	❗ 動 **書く**
写	**写信** xiě xìn　手紙を書く
xiě	

□ 047	❗ 動 (名字) 〜と言う
姓	
xìng	

□ 048 ✏叫	❗ 動 (名前) 〜と言う、呼ぶ
叫	🔲 "叫"の目的語は 2 字以上で、"我叫李明。"と言え
jiào	るが、"我叫李。"とは言えない

3日目　🎧 003
Quick Review
答えは次頁

□ 医生	□ 名字	□ 猫
□ 大夫	□ 生日	□ 鸟
□ 护士	□ 年纪	□ 马
□ 司机	□ 狗	□ 熊猫

1週目

2週目

3週目

4週目

5週目

6週目

7週目

量詞方位詞数詞

その他

我要这本书。

Wǒ yào zhè běn shū.

私はこの本が欲しいです。

铃木在房间看电视。

Língmù zài fángjiān kàn diànshì.

鈴木さんは部屋でテレビを見ています。

我每天听音乐。

Wǒ měi tiān tīng yīnyuè.

私は毎日音楽を聞きます。

我要写一封信。

Wǒ yào xiě yì fēng xìn.

私は手紙を1通書きたいです。

您贵姓? Nín guì xìng?
你姓什么? Nǐ xìng shénme?

あなたの名字は何とおっしゃいますか。

我叫铃木翔太。

Wǒ jiào Língmù Xiángtài.

私は鈴木翔太と言います。

☐ 医者	☐ 名前	☐ 猫
☐ 医者	☐ 誕生日	☐ 鳥
☐ 看護師	☐ 年齢	☐ 馬
☐ 運転手	☐ 犬	☐ パンダ

□ 049

大

dà

形 **大きい**

他 年齢の大小にも用いる

関 名 **大夫** dàifu → 026

□ 050

小

xiǎo

形 **小さい**

他 年齢の大小にも用いる

1字の名字の前につけ、接頭語としても使う

→小王 Xiǎo-Wáng （王くん・王さん）

□ 051

多

duō

形 **多い**

→代 164

□ 052 ✎少

少

shǎo

形 **少ない**

関 名 **少年** shàonián （少年）

□ 053 ✎長

长

cháng

形 **長い**

関 名 **校长** xiàozhǎng （校長）

□ 054

短

duǎn

形 **短い**

继续
▼

形容詞は"大"(049)と"小"(050)、"多"(051)と"少"(052)
のようにペアで覚えるのがコツ。

1 週目
2 週目
3 週目
4 週目
5 週目
6 週目
7 週目
方位詞 量詞 数詞
その他

Check 2 🎧 054

这个大，那个小。
Zhège dà, nàge xiǎo.
これは大きいですが、あれは小さいです。

他的房间很小。Tā de fángjiān hěn xiǎo.
彼の部屋は小さい。

他年纪很小。Tā niánjì hěn xiǎo.
彼は年が小さい（若い）です。

我有很多朋友。
Wǒ yǒu hěn duō péngyou.
私はたくさん友達がいます。

商店里人很少。
Shāngdiàn li rén hěn shǎo.
店の中は人が少ない。

这条裤子太长了。
Zhè tiáo kùzi tài cháng le.
このズボンは長すぎます。

她的裙子太短了。
Tā de qúnzi tài duǎn le.
彼女のスカートは短すぎます。

继续
▼

□ 055

重

zhòng

形 **重い**
◎動 **重复** chóngfù（くりかえす）

□ 056 ✏軽

轻

qīng

形 **軽い**

□ 057

高

gāo

形 **高い**

□ 058 ✏低

低

dī

形 **低い**

□ 059

矮

ǎi

形 **（背が）低い**

□ 060

好

hǎo

❗形 **よい、健康である**
你好吗?　Nǐ hǎo ma?　お元気ですか。
◎名 **爱好** àihào → 361

4日目 🎧004
Quick Review
答えは次頁

□ 是	□ 没有/没	□ 听
□ 去	□ 在	□ 写
□ 来	□ 要	□ 姓
□ 有	□ 看	□ 叫

我的行李很重。

Wǒ de xíngli hěn zhòng.

私の荷物は重い。

这本词典很轻。

Zhè běn cídiǎn hěn qīng.

この辞書は軽い。

他个子不高。

Tā gèzi bù gāo.

彼は背が高くない。

他的声音很低。

Tā de shēngyīn hěn dī.

彼の声は低い。

她个子很矮。

Tā gèzi hěn ǎi.

彼女は背が低い。

今天天气非常好。 Jīntiān tiānqì fēicháng hǎo.

今日は天気が非常によい。

你最近身体好吗? Nǐ zuìjìn shēntǐ hǎo ma?

最近体は健康ですか。

□ ～である	□ ない	□ 聞く
□ 行く	□ いる	□ 書く
□ 来る	□ 欲しい	□ (名字)～と言う
□ ある	□ 見る	□ (名前)～と言う

□ 061

不
bù

副 〜しない、〜でない

🔊 後に第4声が続くと、第2声に変化することに注意

不是 bú shì、不看 bú kàn

□ 062 ✏ 没

没有 / 没
méiyou/méi

副 〜していない、〜しなかった

→動 041

□ 063

也
yě

❗ 副 〜も

□ 064

都
dōu

❗ 副 すべて、みんな、どちらも

□ 065

一起
yìqǐ

副 一緒に

□ 066

很
hěn

副 とても

📖 形容詞の前では強く読まない限り「とても」の意味にはならない

継続
▼

Check 2 🎧 055

2 週目
3 週目
4 週目
5 週目
6 週目
7 週目
方位詞 量詞 数詞
その他

高桥不去留学。
Gāoqiáo bú qù liúxué.
高橋さんは留学に行きません。

她还没有来。 Tā hái méiyou lái.
彼女はまだ来ていません。

我没去学校。 Wǒ méi qù xuéxiào.
私は学校に行きませんでした。

他也是大学生。
Tā yě shì dàxuéshēng.
彼も大学生です。

我们都是大学生。
Wǒmen dōu shì dàxuéshēng.
私たちはみな大学生です。

我们一起学习汉语吧！
Wǒmen yìqǐ xuéxí Hànyǔ ba!
私たちは一緒に中国語を勉強しましょう！

今天天气很好。
Jīntiān tiānqì hěn hǎo.
今日は天気がよい。

継続
▼

Check 1 🎧 006

☐ 067　　　　　　　　　　　副 とても、あまりに

太
tài

☐ 068 🖊真　　　　　　　　　副 本当に

真
zhēn

☐ 069 🖊別　　　　　　　　　副 特に、とりわけ
　　　　　　　　　　　　　形 特別の

特別
tèbié

☐ 070　　　　　　　　　　　副 さらに

更
gèng

☐ 071 🖊非　　　　　　　　　副 非常に

非常
fēicháng

☐ 072　　　　　　　　　　　副 最も、一番

最
zuì

| 5日目 🎧 005 Quick Review 答えは次頁 | ☐ 大 ☐ 小 ☐ 多 ☐ 少 | ☐ 长 ☐ 短 ☐ 重 ☐ 轻 | ☐ 高 ☐ 低 ☐ 矮 ☐ 好 |

Check 2   🎧 055

1 週目

2 週目

3 週目

4 週目

5 週目

6 週目

7 週目

量詞 方位詞 数詞

その他

太大了。 Tài dà le.
大きすぎます。

太好了！ Tài hǎo le!
よかった！

她真漂亮！

Tā zhēn piàoliang!

彼女は本当に美しい！

今天的雨特别大。

Jīntiān de yǔ tèbié dà.

今日の雨はとりわけ強い。

今天比昨天更热。

Jīntiān bǐ zuótiān gèng rè.

今日は昨日よりさらに暑い。

那个电影非常好。

Nàge diànyǐng fēicháng hǎo.

あの映画は非常によい。

这个问题最难。

Zhège wèntí zuì nán.

この問題が最も難しい。

☐ 大きい　　　　☐ 長い　　　　☐ 高い
☐ 小さい　　　　☐ 短い　　　　☐ 低い
☐ 多い　　　　　☐ 重い　　　　☐ (背が)低い
☐ 少ない　　　　☐ 軽い　　　　☐ よい

Check 1　　　　　　　　　　　　　　　🎧 007

□ 073
我
wǒ

代 私

□ 074 ✎們
我们
wǒmen

代 私たち

□ 075 ✎們
咱们
zánmen

代 私たち
🈂 聞き手を含めた言い方

□ 076
你
nǐ

代 あなた

□ 077
您
nín

代 あなた（丁寧な言い方）
🈂 北京でよく使われ、複数表現はなく、初対面の人
や店員が客に対して使う

□ 078 ✎們
你们
nǐmen

代 あなたたち

継続
▼

すでに例文では出ている「わたし・あなた・彼・彼女」、基本的な単語ですので改めて確認しておきましょう。

1週目
2週目
3週目
4週目
5週目
6週目
7週目
方位詞・量詞・数詞
その他

Check 2　　　　　　　　　　　　　　　　　　　🎧 056

我是日本人。
Wǒ shì Rìběnrén.
私は日本人です。

我们是同学。
Wǒmen shì tóngxué.
私たちはクラスメートです。

咱们明天去故宫吧!
Zánmen míngtiān qù Gùgōng ba!
私たちは明日故宮に行きましょう!

你喜欢运动吗?
Nǐ xǐhuan yùndòng ma?
スポーツが好きですか。

您是李老师吗?
Nín shì Lǐ lǎoshī ma?
あなたは李先生ですか。

你们几点上课?
Nǐmen jǐ diǎn shàngkè?
あなたたちは何時に授業が始まりますか。

継続
▼

Check 1　🎧 007

□ 079　　　　　　　　　　代 彼
他
tā

□ 080　　　　　　　　　　代 彼女
她
tā

□ 081 ✎們　　　　　　　代 彼ら
他们
tāmen

□ 082 ✎們　　　　　　　代 彼女ら
她们
tāmen

□ 083 ✎誰　　　　　　　代 誰
谁
shéi
　　　　　　　　　　　　国 shuí とも発音する

□ 084 ✎麼　　　　　　　代 何、どんな
什么
shénme

| 6日目 🎧 006 Quick Review 答えは次頁 | □ 不 □ 没有/没 □ 也 □ 都 | □ 一起 □ 很 □ 太 □ 真 | □ 特别 □ 更 □ 非常 □ 最 |

他是我哥哥。

Tā shì wǒ gēge.

彼は私の兄です。

她是我姐姐。

Tā shì wǒ jiějie.

彼女は私の姉です。

他们是留学生。

Tāmen shì liúxuéshēng.

彼らは留学生です。

她们是朋友。

Tāmen shì péngyou.

彼女らは友達です。

你是谁?

Nǐ shì shéi?

あなたは誰ですか。

这是什么?

Zhè shì shénme?

これは何ですか。

□ ～しない	□ 一緒に	□ 特に
□ ～していない	□ とても	□ 更に
□ ～も	□ とても	□ 非常に
□ すべて	□ 本当に	□ 最も

まとめて覚えよう　－　数①

0〜99

0	零 líng	**1**	一 yī	**2**	二 èr	**3**	三 sān
4	四 sì	**5**	五 wǔ	**6**	六 liù	**7**	七 qī
8	八 bā	**9**	九 jiǔ	**10**	十 shí	**11**	十一 shíyī
12	十二 shí'èr	**20**	二十 èrshí	**21**	二十一 èrshiyī	**32**	三十二 sānshi'èr
44	四十四 sìshisì	**57**	五十七 wǔshiqī	**65**	六十五 liùshiwǔ	**99**	九十九 jiǔshijiǔ

※部屋の番号や電話番号を言うとき、1と7の音を区別するために1をyāoと発音することがあります。
　我的房间号是三零一。Wǒ de fángjiān hào shì sān líng yāo.（私の部屋番号は301です。）

1つ	一个 yí ge	**2つ**	两个 liǎng ge	**3つ**	三个 sān ge
1番目	第一 dì-yī	**2番目**	第二 dì-èr	**3番目**	第三 dì-sān

キクタン中国語
2 週目

中国語で言ってみよう!

私は中国語を勉強したいです。

（答えは101）

名詞4

Check 1 🎧 008

□ 085 🖊機

手机

shǒujī

名 **携帯電話**

玩儿手机 wánr shǒujī　携帯電話で遊ぶ

□ 086

手表

shǒubiǎo

名 **腕時計**

戴手表 dài shǒubiǎo　腕時計をはめる

関 钟 zhōng（置時計、掛け時計）

📖 3 声 +3 声の声調変化に注意

□ 087 🖊銭

钱

qián

名 **お金**

□ 088 🖊銭包

钱包

qiánbāo

名 **財布**

一个钱包 yí ge qiánbāo　1 つの財布

□ 089 🖊傘

伞

sǎn

名 **傘**

一把伞 yì bǎ sǎn　1 本の傘

量 把 bǎ

□ 090 🖊護

护照

hùzhào

名 **パスポート**

我的护照 wǒ de hùzhào　私のパスポート

继续
▼

日本語と中国語の漢字の違いにも注意しましょう。"机"が「機」って想像できましたか？

Check 2

🎧 057

1週目
2週目
3週目
4週目
5週目
6週目
7週目
方位詞・量詞・数詞
その他

我的手机呢?

Wǒ de shǒujī ne?

私の携帯は[どこ]？

我没戴手表。

Wǒ méi dài shǒubiǎo.

私は腕時計をはめていません。

钱包里没有钱。

Qiánbāo li méiyǒu qián.

財布の中にお金はありません。

我的钱包在桌子上。

Wǒ de qiánbāo zài zhuōzi shang.

私の財布はテーブルの上にあります。

我借了一把伞。

Wǒ jièle yì bǎ sǎn.

私は傘を1本借りました。

请给我看一下你的护照。

Qǐng gěi wǒ kàn yíxià nǐ de hùzhào.

あなたのパスポートをちょっと見せてください。

继续
▼

Check 1　　　　　　　　　　　　　　　🎧 008

□ 091 ✏包

包

bāo

名 **かばん**
→動 458

□ 092

行李

xíngli

名 **荷物**
一件行李 yí jiàn xíngli　1つの荷物
量 件 jiàn

□ 093 ✏筆

笔

bǐ

🔢 名 **(ペン、鉛筆などの) 筆記具**
一支笔 yì zhī bǐ　1本のペン
量 支 zhī

□ 094 ✏鋼筆

钢笔

gāngbǐ

名 **ペン、万年筆**
一支钢笔 yì zhī gāngbǐ　1本のペン
量 支 zhī

□ 095 ✏鉛筆

铅笔

qiānbǐ

名 **鉛筆**
一支铅笔 yì zhī qiānbǐ　1本の鉛筆
量 支 zhī

□ 096

本子

běnzi

名 **ノート**
一个本子 yí ge běnzi　1冊のノート
≒ 笔记本 bǐjìběn

7日目 🎧 007
Quick Review
答えは次頁

□ 我	□ 您	□ 他们
□ 我们	□ 你们	□ 她们
□ 咱们	□ 他	□ 谁
□ 你	□ 她	□ 什么

这是我的包。
Zhè shì wǒ de bāo.
これは私のかばんです。

这是谁的行李?
Zhè shì shéi de xíngli?
これは誰の荷物ですか。

桌子上有一支笔。
Zhuōzi shang yǒu yì zhī bǐ.
机の上にペンが1本あります。

我买了一支钢笔。
Wǒ mǎile yì zhī gāngbǐ.
私はペンを1本買いました。

这不是我的铅笔。
Zhè bú shì wǒ de qiānbǐ.
これは私の鉛筆ではありません。

这个本子多少钱?
Zhège běnzi duōshao qián?
このノートはいくらですか。

□ 私　　　　　　　□ あなた(丁寧な言い方)　　□ 彼ら
□ 私たち　　　　　□ あなたたち　　　　　　　□ 彼女ら
□ 私たち　　　　　□ 彼　　　　　　　　　　　□ 誰
□ あなた　　　　　□ 彼女　　　　　　　　　　□ 何、どんな

Check 1　　　　　　　　　　　　　　　🎧 009

□ 097

字

zì

图 **字**
写字 xiě zì　字を書く

□ 098 ✎詞

词

cí

❗图 **単語**

□ 099 ✎話

话

huà

❗图 **話、言葉**
说话 shuō huà　話をする

□ 100 ✎漢

汉字

Hànzì

图 **漢字**
写汉字 xiě Hànzì　漢字を書く

□ 101 ✎漢語

汉语

Hànyǔ

图 **中国語**
汉语水平考试 Hànyǔ Shuǐpíng Kǎoshì　HSK
🔟 漢民族の言語や中国の共通語を指す
🔁 中文 Zhōngwén

□ 102

中文

Zhōngwén

图 **中国語**
🔟 話し言葉と書き言葉の総称、"中文"のほうが "汉语"より指す範囲が広く、話し言葉と書き言葉、中国語、中国文学の総称になる　🔁 汉语 Hànyǔ
🔗 中文书 Zhōngwén shū（中国語で書かれた本）

継続
▼

46 ▸ 47

中国語は日本語で中国語と言いますが、中国では中国語とは言いません。日本語と中国語の違いに注目しましょう。

Check 2　　　　　　　　　　　　　　　　　　　　🎧 058

我不会写这个字。
Wǒ bú huì xiě zhège zì.
私はこの字が書けません。

这个词是什么意思?
Zhège cí shì shénme yìsi?
この単語はどういう意味ですか。

老师的话太长了。
Lǎoshī de huà tài cháng le.
先生の話は長すぎます。

汉字难吗?
Hànzì nán ma?
漢字は難しいですか。

我想学汉语。
Wǒ xiǎng xué Hànyǔ.
私は中国語を勉強したいです。

我能看中文小说。
Wǒ néng kàn Zhōngwén xiǎoshuō.
私は中国語の小説を読むことができます。

継続
▼

Check 1 🎧 009

□ 103 ✏️語

日语

Rìyǔ

名 **日本語**

说日语 shuō Rìyǔ　日本語を話す

🔁 日文 Rìwén

□ 104 ✏️語

英语

Yīngyǔ

名 **英語**

学英语 xué Yīngyǔ　英語を勉強する

🔁 英文 Yīngwén

□ 105 ✏️語

外语

wàiyǔ

名 **外国語**

外语学院 wàiyǔ xuéyuàn　外国語学院、外国語学部

🔁 外文 wàiwén

□ 106 ✏️書

书

shū

❗ 名 **本**

一本书 yì běn shū　1冊の本

看书 kàn shū　本を読む

📏 本 běn

□ 107 ✏️詞

词典

cídiǎn

名 **辞典**

一本词典 yì běn cídiǎn　1冊の辞典

查词典 chá cídiǎn　辞書を調べる

📏 本 běn

□ 108 ✏️雑誌

杂志

zázhì

名 **雑誌**

看杂志 kàn zázhì　雑誌を読む

🔁 名 杂技 zájì（雑技）

📏 本 běn

8日目 🎧 008
Quick Review
答えは次頁

□ 手机	□ 伞	□ 笔
□ 手表	□ 护照	□ 钢笔
□ 钱	□ 包	□ 铅笔
□ 钱包	□ 行李	□ 本子

1
週目

2
週目

3
週目

4
週目

5
週目

6
週目

7
週目

量詞 方位詞 数詞

その他

他在学日语。

Tā zài xué Rìyǔ.

彼は日本語を勉強しています。

他的英语很好。

Tā de Yīngyǔ hěn hǎo.

彼は英語が上手です。

他会什么外语?

Tā huì shénme wàiyǔ?

彼はどんな外国語ができますか。

这本书很好看。

Zhè běn shū hěn hǎokàn.

この本はおもしろいです。

我想买一本汉日词典。

Wǒ xiǎng mǎi yì běn Hàn-Rì cídiǎn.

私は中日辞典を1冊買いたいです。

有没有好的汉语杂志?

Yǒu méiyǒu hǎo de Hànyǔ zázhì?

よい中国語の雑誌はありますか。

□ 携帯電話	□ 傘	□ (ペン、鉛筆などの)筆記具
□ 腕時計	□ パスポート	□ ペン
□ お金	□ かばん	□ 鉛筆
□ 財布	□ 荷物	□ ノート

□ 109

学校

xuéxiào

图**学校**

去学校 qù xuéxiào　学校に行く

□ 110

大学

dàxué

图**大学**

上大学 shàng dàxué　大学に通う

□ 111

中学

zhōngxué

❗图**中学、高校**

中学一年级 zhōngxué yī niánjí　中学1年生

📖 一般的には、中学を"初中 chūzhōng"、高校を"高中 gāozhōng"と言う

□ 112

小学

xiǎoxué

图**小学校**

小学二年级 xiǎoxué èr niánjí　小学2年生

□ 113

教室

jiàoshì

图**教室**

进教室 jìn jiàoshì　教室に入る

😊動 教 jiāo → 309

□ 114 ✐級

年级

niánjí

图**学年、〜年生**

三年级 sān niánjí　3年生

❾图 年纪 niánjì → 031

继续
▼

小学校は"小学"(112)、高校は"高级中学"、略して"高中"。
微妙な違いをしっかり確認しましょう。

1 週目

2 週目

3 週目

4 週目

5 週目

6 週目

7 週目

方位詞・数詞 量詞

その他

Check 2　　　　　　　　　　　　　　　　　　　　🎧 059

我们学校很大。

Wǒmen xuéxiào hěn dà.

私たちの学校は大きいです。

我已经上大学了。

Wǒ yǐjīng shàng dàxué le.

私はすでに大学に通っています。

我弟弟还是中学生。

Wǒ dìdi háishi zhōngxuéshēng.

私の弟はまだ中学生です。

她弟弟刚上小学一年级。

Tā dìdi gāng shàng xiǎoxué yī niánjí.

彼女の弟は小学 1 年生に上がったばかりです。

教室在哪里?

Jiàoshì zài nǎli?

教室はどこですか。

我是二年级的学生。

Wǒ shì èr niánjí de xuésheng.

私は 2 年生の学生です。

继续
▼

□ 115
班
bān

！ 名 クラス
我们班 wǒmen bān　私たちのクラス

□ 116 ✎課
课
kè

名 授業
汉语课 Hànyǔ kè　中国語の授業

□ 117 ✎課
课本
kèběn

名 教科書
汉语课本 Hànyǔ kèběn　中国語の教科書
📘 课 kè（授業）

□ 118 ✎課
课文
kèwén

名（教科書の）本文
读课文 dú kèwén　本文を読む
念课文 niàn kèwén　（声に出して）本文を読む

□ 119 ✎業
作业
zuòyè

！ 名 宿題
做作业 zuò zuòyè　宿題をする
写作业 xiě zuòyè　宿題をする

□ 120 ✎黒板
黑板
hēibǎn

名 黒板
擦黑板 cā hēibǎn　黒板を消す

□ 字　□ 汉语　□ 外语
□ 词　□ 中文　□ 书
□ 话　□ 日语　□ 词典
□ 汉字　□ 英语　□ 杂志

我在高一三班。

Wǒ zài gāoyī sān bān.

私は高校 1 年の 3 組です。

一周有几节课?

Yì zhōu yǒu jǐ jié kè?

1 週間に何コマ授業がありますか。

这是我的课本。

Zhè shì wǒ de kèběn.

これは私の教科書です。

这篇课文很难。

Zhè piān kèwén hěn nán.

この本文は難しいです。

今天的作业太多了!

Jīntiān de zuòyè tài duō le!

今日の宿題は多すぎる!

老师在黑板上写字。

Lǎoshī zài hēibǎn shang xiě zì.

先生は黒板に字を書きます。

☐ 字	☐ 中国語	☐ 外国語
☐ 単語	☐ 中国語	☐ 本
☐ 話	☐ 日本語	☐ 辞典
☐ 漢字	☐ 英語	☐ 雑誌

Check 1　　　　　　　　　　　　　　　　　　　　　　　　🎧 011

□ 121 ✎車
车
chē

图**車、乗り物**
坐车 zuò chē　車に乗る
打车 dǎchē　タクシーに乗る
量 辆 liàng

□ 122 ✎車
汽车
qìchē

❗ 图**自動車**
一辆汽车 yí liàng qìchē　1台の自動車
量 辆 liàng

□ 123 ✎車
公交车
gōngjiāochē

图**バス**
坐公交车 zuò gōngjiāochē　バスに乗る
圖 "公共汽车" と "公交车" では "公交车" のほうが比較的新しい言い方
量 辆 liàng

□ 124 ✎車
公共汽车
gōnggòng qìchē

图**バス**
坐公共汽车 zuò gōnggòng qìchē　バスに乗る
量 辆 liàng

□ 125 ✎車
自行车
zìxíngchē

图**自転車**
一辆自行车 yí liàng zìxíngchē　1台の自転車
量 辆 liàng

□ 126 ✎電車
电车
diànchē

图**電車、トロリーバス**
坐电车 zuò diànchē　電車に乗る
関 轻轨 qīngguǐ（LRT）
量 辆 liàng

继续
▼

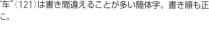

"车"(121)は書き間違えることが多い簡体字。書き順も正確に。

1週目
2週目
3週目
4週目
5週目
6週目
7週目
方位詞 量詞 数詞
その他

Check 2 🎧 060

他的车很贵。
Tā de chē hěn guì.
彼の車は高い。

路上有很多汽车。
Lùshang yǒu hěn duō qìchē.
道にはたくさんの車があります。

我每天坐公交车去学校。
Wǒ měi tiān zuò gōngjiāochē qù xuéxiào.
私は毎日バスに乗って学校に行きます。

在北京坐公共汽车很方便。
Zài Běijīng zuò gōnggòng qìchē hěn fāngbiàn.
北京ではバスに乗るのが便利です。

我喜欢骑自行车。
Wǒ xǐhuan qí zìxíngchē.
私は自転車に乗るのが好きです。

我明天坐电车去京都。
Wǒ míngtiān zuò diànchē qù Jīngdū.
私は明日電車で京都に行きます。

継続
▼

Check 1　　　　　　　　　　　　　　　🎧 011

□ 127 ✒車
火车
huǒchē

名 **列車、汽車**
火车站 huǒchēzhàn　列車の駅
関 高铁 gāotiě（高速鉄道）

□ 128 ✒鉄
地铁
dìtiě

名 **地下鉄**
坐地铁 zuò dìtiě　地下鉄に乗る
地铁站 dìtiězhàn　地下鉄の駅

□ 129 ✒飛機
飞机
fēijī

名 **飛行機**
坐飞机 zuò fēijī　飛行機に乗る

□ 130 ✒船
船
chuán

名 **船**
坐船 zuò chuán　船に乗る
量 条 tiáo、只 zhī

□ 131 ✒車
车站
chēzhàn

名 **駅、(バスの) 停留所**
去车站 qù chēzhàn　駅に行く
関 北京站 Běijīng zhàn（北京駅）
东京站 Dōngjīng zhàn（東京駅）

□ 132 ✒機場
机场
jīchǎng

名 **空港**
首都机场 Shǒudū jīchǎng　首都空港（北京の空港）

| 10日目 🎧 010 Quick Review 答えは次頁 | □ 学校 □ 大学 □ 中学 □ 小学 | □ 教室 □ 年级 □ 班 □ 课 | □ 课本 □ 课文 □ 作业 □ 黑板 |

Check 2
🎧 060

1週目

2週目

3週目

4週目

5週目

6週目

7週目

方位詞
量詞·数詞

その他

我坐火车去上海。
Wǒ zuò huǒchē qù Shànghǎi.
私は列車で上海に行きます。

我坐地铁去学校。
Wǒ zuò dìtiě qù xuéxiào.
私は地下鉄で学校に行きます。

我坐飞机去东京。
Wǒ zuò fēijī qù Dōngjīng.
私は飛行機で東京に行きます。

坐船去那里很方便。
Zuò chuán qù nàli hěn fāngbiàn.
船に乗ってそこに行くのが便利です。

我在车站等你。
Wǒ zài chēzhàn děng nǐ.
私は駅であなたを待ちます。

我打车去机场。
Wǒ dǎchē qù jīchǎng.
私はタクシーで空港に行きます。

□ 学校	□ 教室	□ 教科書
□ 大学	□ 学年	□ (教科書の)本文
□ 中学、高校	□ クラス	□ 宿題
□ 小学校	□ 授業	□ 黒板

Check 1 🎧 012

☐ 133

走

zǒu

❗️動 **歩く、行く、去る、離れる**
向前走 xiàng qián zǒu　前に向かって行く

☐ 134

跑

pǎo

動 **走る**
跑步 pǎobù　ジョギングする

☐ 135 ✏️飛

飞

fēi

動 **飛ぶ**

☐ 136 ✏️進

进

jìn

動 **入る**

☐ 137

出

chū

動 **出る**
出门 chū▾mén　出かける

☐ 138

上

shàng

❗️動 **上がる、(乗り物に) 乗る、行く**
上楼 shàng lóu　2 階に上がる
上厕所 shàng cèsuǒ　トイレに行く
上山 shàng shān　山に登る

继续
▼

Check 2　　　　　　　　　　　　　　　　　　🎧 061

我走着去学校。 Wǒ zǒuzhe qù xuéxiào.
私は歩いて学校に行きます。

咱们走吧。 Zánmen zǒu ba.
私たち行きましょう。

别跑了!
Bié pǎo le!
走らないで!

这种鸟可以飞很高。
Zhè zhǒng niǎo kěyǐ fēi hěn gāo.
この鳥はとても高く飛べます。

请进!
Qǐng jìn!
入ってください!

我每天七点半出门。
Wǒ měi tiān qī diǎn bàn chūmén.
私は毎日7時半に出かけます。

你上楼找他吧。 Nǐ shàng lóu zhǎo tā ba.
あなたは2階に上がって彼を探してください。

他已经上飞机了。 Tā yǐjīng shàng fēijī le.
彼はすでに飛行機に乗りました。

继续
▼

Check 1　　🎧 012

□ 139
下
xià

🔲動 **下りる、降りる、降る**
下山 xià shān　山を下りる
下车 xià chē　車を降りる
下雨 xià yǔ　雨が降る

□ 140
回
huí

❗🔲動 **帰る、戻る**
回宿舍 huí sùshè　宿舎に帰る

□ 141 ✏進
进来
jìnˇlai

🔲動 **入って来る**

□ 142
上去
shàngˇqu

🔲動 **上がって行く、登って行く**

□ 143
坐
zuò

🔲動 **座る、乗る**
请坐。Qǐng zuò.　お座りください。
坐地铁去 zuò dìtiě qù　地下鉄に乗って行く

□ 144 ✏骑
骑
qí

🔲動 **（自転車等にまたいで）乗る**
骑自行车 qí zìxíngchē　自転車に乗る

11日目 🎧011	□ 车	□ 自行车	□ 飞机
Quick Review	□ 汽车	□ 电车	□ 船
答えは次頁	□ 公交车	□ 火车	□ 车站
	□ 公共汽车	□ 地铁	□ 机场

Check 2

🎧 061

1週目

2週目

3週目

4週目

5週目

6週目

7週目

方位詞·量詞·数詞

その他

我们从这里下山吧。 Wǒmen cóng zhèli xià shān ba.
私たちはここから山を下りましょう。

在北京站下车。 Zài Běijīng zhàn xià chē.
北京駅で下車する。

他回国了。
Tā huí guó le.
彼は帰国しました。

我可以进来吗?
Wǒ kěyǐ jìnlai ma?
入ってもいいですか。

咱们坐电梯上去吧。
Zánmen zuò diàntī shàngqu ba.
エレベーターで上がって行きましょう。

山田先生，请坐。 Shāntián xiānsheng, qǐng zuò.
山田さん、お座りください。

坐公交车还是坐地铁? Zuò gōngjiāochē háishi zuò dìtiě?
バスに乗りますか、それとも地下鉄に乗りますか。

我们可以骑自行车去公园。
Wǒmen kěyǐ qí zìxíngchē qù gōngyuán.
私たちは自転車で公園に行けます。

☐ 車　　　　　　☐ 自転車　　　　☐ 飛行機
☐ 自動車　　　　☐ 電車　　　　　☐ 船
☐ バス　　　　　☐ 列車　　　　　☐ 駅
☐ バス　　　　　☐ 地下鉄　　　　☐ 空港

□ 145

早
zǎo

形 (時間が) 早い

□ 146 ✐ 晚

晚
wǎn

形 (時間が) 遅い

□ 147

快
kuài

形 (速度が) 速い
快一点儿 kuài yìdiǎnr　ちょっと速く
関 **快餐 kuàicān**（ファストフード）

□ 148

慢
màn

形 (速度が) 遅い
慢一点儿 màn yìdiǎnr　ちょっとゆっくり

□ 149 ✐ 遠

远
yuǎn

形 遠い

□ 150

近
jìn

形 近い

继续
▼

1週目

2週目

3週目

4週目

5週目

6週目

7週目

方位詞・数詞 量詞

その他

"慢点儿"（148例文）のように"点儿"が付くものは、"慢"と
"点儿"を切らずに続けて発音しましょう。

Check 2   🎧 062

时间还早呢。
Shíjiān hái zǎo ne.
（時間は）まだ早いですよ。

已经很晚了。
Yǐjīng hěn wǎn le.
もう遅くなりました。

他说话很快。
Tā shuō huà hěn kuài.
彼は話すのが速いです。

请慢点儿说。
Qǐng màn diǎnr shuō.
もう少しゆっくり話してください。

我家离学校很远。
Wǒ jiā lí xuéxiào hěn yuǎn.
私の家は学校から遠いです。

她家离这儿很近。
Tā jiā lí zhèr hěn jìn.
彼女の家はここから近いです。

继续
▼

Check 1 　　　🎧 013

□ 151
胖
pàng

形 **太っている**
胖了 pàng le　太った

□ 152 ✎瘦
瘦
shòu

形 **やせている**
瘦了 shòu le　やせた

□ 153 ✎熱
热
rè

❗ 形 **暑い、熱い**
💬「暑い」「熱い」2つの意味を持つ
関 闷热 mēnrè（蒸し暑い）

□ 154
冷
lěng

❗ 形 **寒い**

□ 155
暖和
nuǎnhuo

形 **暖かい**
😊 前 接 和~ hé → 570

□ 156 ✎涼
凉快
liángkuai

形 **涼しい**

12日目 🎧012 Quick Review 答えは次頁	□ 走 □ 跑 □ 飞 □ 进	□ 出 □ 上 □ 下 □ 回	□ 进来 □ 上去 □ 坐 □ 骑

1
週目

2
週目

3
週目

4
週目

5
週目

6
週目

7
週目

方位詞
量詞
数詞

その他

他很胖。

Tā hěn pàng.

彼は太っています。

她很瘦。

Tā hěn shòu.

彼女はやせています。

今天真热。

Jīntiān zhēn rè.

今日は本当に暑いです。

今天太冷了。

Jīntiān tài lěng le.

今日は寒すぎます。

这个房间很暖和。

Zhège fángjiān hěn nuǎnhuo.

この部屋は暖かいです。

外边很凉快。

Wàibian hěn liángkuai.

外は涼しいです。

□ 歩く	□ 出る	□ 入って来る
□ 走る	□ 上がる	□ 上がって行く
□ 飛ぶ	□ 下りる	□ 座る
□ 入る	□ 帰る	□ (自転車等にまたいで)乗る

14日目　代詞2

Check 1　🎧 014

□ 157 ✏️這個

这 / 这个
zhè/zhège

代 **これ、それ（この、その）**
🈳 "这" は目的語の位置に置くことができない
"这个" +名詞 の形で「この、その〜」
🈳 "这个" zhèige とも発音する

□ 158 ✏️個

那 / 那个
nà/nàge

代 **あれ、それ（あの、その）**
🈳 "那" は目的語の位置に置くことができない
"那个" +名詞 の形で「あの、その〜」
🈳 "那个" nèige とも発音する

□ 159 ✏️個

哪 / 哪个
nǎ/nǎge

代 **どれ（どの）**
🈳 "哪" は単独で主語・目的語になれない
"哪个" +名詞 の形で「どの〜」
🈳 "哪个" něige とも発音する

□ 160 ✏️這

这些
zhèxiē

代 **これら、それら**
🈳 "这些" +名詞 の形で「これらの、それらの〜」
🈳 "这些" zhèixiē とも発音する

□ 161

那些
nàxiē

代 **あれら、それら**
🈳 "那些" +名詞 の形で「あれらの、それらの〜」
🈳 "那些" nèixiē とも発音する

□ 162

哪些
nǎxiē

代 **（複数を指し）どれ**
🈳 "哪些" +名詞 の形で（複数を指し）「どの〜、どんな〜」
🈳 "哪些" něixiē とも発音する

継続
▼

日本語は「これ・それ・あれ」ですが、中国語は話し手から
の距離によって、"这个・那个"の2つで表します。

1週目
2週目
3週目
4週目
5週目
6週目
7週目
方位詞 量詞 数詞
その他

Check 2　　　　　　　　　　　　　　　　　　　🎧 063

这是我的手机号码。 Zhè shì wǒ de shǒujī hàomǎ.
これが私の携帯番号です。

这个菜太辣了。 Zhège cài tài là le.
この料理は辛すぎます。

那是我的电脑。 Nà shì wǒ de diànnǎo.
それは私のパソコンです。

那个人是谁? Nàge rén shì shéi?
あの人は誰ですか。

哪天去比较好? Nǎ tiān qù bǐjiào hǎo?
どの日に行くのがわりとよいですか。

你要**哪个**? Nǐ yào nǎge?
あなたはどれが欲しいですか。

这些是什么?
Zhèxiē shì shénme?
これらは何ですか。

那些是谁的书?
Nàxiē shì shéi de shū?
あれらは誰の本ですか。

今天的作业有**哪些**?
Jīntiān de zuòyè yǒu nǎxiē?
今日の宿題はどれですか。

継続
▼

Check 1　　　　　　　　　　　　　　　　　　🎧 014

□ 163 ✏幾

几

jǐ

代 いくつ、いくら

語 10以下の数量を尋ねるときに用いるが、"几月几号"（何月何日）のように上限が決まっていてループする数も尋ねることができる

□ 164

多

duō

代 どれくらい

語 "多大 duō dà"、"多高 duō gāo"、"多长 duō cháng" のように "多" ＋形容詞 の形で疑問詞になる →形 051

□ 165 ✏少

多少

duōshao

代 どれくらい、いくら

多少钱？ Duōshao qián?　いくらですか。

語 求める答えの数の大小に関わりなく用いる

□ 166 ✏麼

怎么

zěnme

代 どのように、なぜ、どうして

怎么走？ Zěnme zǒu?　どう行くのですか。

同 为什么 wèi shénme

語 Why と How to の 2 つの意味を持つ

□ 167 ✏為麼

为什么

wèi shénme

代 なぜ、どうして

同 怎么 zěnme

□ 168 ✏麼樣

怎么样

zěnmeyàng

代 どうですか

同 怎样 zěnyàng

| 13日目 🎧 013 Quick Review 答えは次頁 | ☐ 早 ☐ 晚 ☐ 快 ☐ 慢 | ☐ 远 ☐ 近 ☐ 胖 ☐ 瘦 | ☐ 热 ☐ 冷 ☐ 暖和 ☐ 凉快 |

你要几个?　Nǐ yào jǐ ge?
あなたはいくつ欲しいですか。

今天几月几号星期几?　Jīntiān jǐ yuè jǐ hào xīngqī jǐ?
今日は何月何日何曜日ですか。

你多大了?
Nǐ duō dà le?
いくつになりましたか。

从北京到上海要多少钱?
Cóng Běijīng dào Shànghǎi yào duōshao qián?
北京から上海までいくらかかりますか。

请问，到新宿怎么走?　Qǐngwèn, dào Xīnsù zěnme zǒu?
すみません、新宿までどうやって行きますか。

你怎么不吃?　Nǐ zěnme bù chī?
どうして食べないのですか。

昨天你为什么没去学校?
Zuótiān nǐ wèi shénme méi qù xuéxiào?
昨日はなぜ学校に行かなかったのですか。

明天去打棒球，怎么样?
Míngtiān qù dǎ bàngqiú, zěnmeyàng?
明日、野球をしに行くのはどうですか。

□ (時間が)早い　　　□ 遠い　　　　　□ 暑い
□ (時間が)遅い　　　□ 近い　　　　　□ 寒い
□ (速度が)速い　　　□ 太っている　　□ 暖かい
□ (速度が)遅い　　　□ やせている　　□ 涼しい

まとめて覚えよう ― 数②

100〜

100	一百　yìbǎi ※100は前に"一"をつけます。
200	二百　èrbǎi　　**两百**　liǎng bǎi ※200は2通りの言い方があります。
101	一百零一　yìbǎi líng yī ※3桁以上の数で間に0が入る場合は"零"を入れます。
110	一百一十　yìbǎi yīshí　　**一百一**　yìbǎi yī ※末尾に0がある場合は後ろにくる位は省略することができます。
111	一百一十一　yìbǎi yīshíyī ※3桁以上の数で10の位がある場合は"一"を入れます。
1000	一千　yìqiān
2000	两千　liǎngqiān ※4桁以上の数では"两"が一般的です。
1001	一千零一　yìqiān líng yī ※0が複数続く場合でも"零"は1つだけ入れます。
1010	一千零一十　yìqiān líng yīshí ※末尾以外にも0がある場合、"十"は省略することができません。
1100	一千一百　yìqiān yìbǎi　　**一千一**　yìqiān yī
2200	两千二百　liǎngqiān èrbǎi　　**两千二**　liǎngqiān èr ※3桁以上の数では先頭以外の2は"二"を使うことがほとんどです。
10000	一万　yí wàn
100000000	一亿　yí yì

キクタン中国語
3 週目

✓ 学習したらチェック!

中国語で言ってみよう!

私はおなかがすきました。

（答えは 229）

名詞8

□ 169

水果

shuǐguǒ

图 **果物**
水果店 shuǐguǒ diàn　果物店
関 果汁 guǒzhī（ジュース）

□ 170

苹果

píngguǒ

图 **リンゴ**
吃苹果 chī píngguǒ　リンゴを食べる

□ 171

西瓜

xīgua

图 **スイカ**
吃西瓜 chī xīgua　スイカを食べる

□ 172

葡萄

pútao

图 **ブドウ**
吃葡萄 chī pútao　ブドウを食べる

□ 173

点心

diǎnxin

图 **おやつ、お菓子**
吃点心 chī diǎnxin　おやつを食べる
解 正式の食事に対して軽い食事を指す

□ 174 ✐麺包

面包

miànbāo

图 **パン**
吃面包 chī miànbāo　パンを食べる

継続
▼

"点心"(173)・"蛋糕"(175)・"馒头"(176)! 食べ過ぎて"胖了"(151)（太った）にならないように。

Check 2

🎧 064

我去超市买水果。

Wǒ qù chāoshì mǎi shuǐguǒ.

私はスーパーに果物を買いに行きます。

我每天吃一个苹果。

Wǒ měi tiān chī yí ge píngguǒ.

私は毎日リンゴを1個食べます。

西瓜在冰箱里。

Xīgua zài bīngxiāng li.

スイカは冷蔵庫にあります。

葡萄多少钱一斤?

Pútao duōshao qián yì jīn?

ブドウは1斤 [500g] いくらですか。

孩子们都喜欢吃点心。

Háizimen dōu xǐhuan chī diǎnxin.

子供たちはみなお菓子 [を食べるの] が好きです。

我早上吃了一个面包。

Wǒ zǎoshang chīle yí ge miànbāo.

私は朝にパンを1個食べました。

继续
▼

Check 1　　　　🎧 015

□ 175
蛋糕
dàngāo
图 **ケーキ**
生日蛋糕 shēngrì dàngāo　誕生日ケーキ

□ 176 ✎饅頭
馒头
mántou
图 **マントウ（中国式蒸しパン）**
吃馒头 chī mántou　マントウを食べる

□ 177 ✎餃
饺子
jiǎozi
图 **ギョウザ**
包饺子 bāo jiǎozi　ギョウザを作る

□ 178 ✎炒飯
炒饭
chǎofàn
图 **チャーハン**
吃炒饭 chī chǎofàn　チャーハンを食べる

□ 179 ✎麺条
面条ㄦ
miàntiáor
图 **麺**
吃面条 chī miàntiáo　麺を食べる

□ 180
菜
cài
❗图 **料理**
做菜 zuò cài　料理を作る

这家店的蛋糕很甜。

Zhè jiā diàn de dàngāo hěn tián.

この店のケーキは甘いです。

北方人喜欢吃馒头。

Běifāngrén xǐhuan chī mántou.

北方の人はマントウ［を食べるの］が好きです。

我会包饺子。

Wǒ huì bāo jiǎozi.

私はギョウザを作れます。

妈妈做的炒饭很好吃。

Māma zuò de chǎofàn hěn hǎochī.

母が作るチャーハンはおいしいです。

我吃了一碗面条。

Wǒ chīle yì wǎn miàntiáo.

私は麺を 1 杯食べました。

这个菜怎么做?

Zhège cài zěnme zuò?

この料理はどうやって作るのですか。

☐ これ　　　　　☐ あれら　　　　　　☐ どれくらい
☐ あれ　　　　　☐ (複数を指し)どれ　☐ どのように、なぜ
☐ どれ　　　　　☐ いくつ　　　　　　☐ なぜ
☐ これら　　　　☐ どれくらい　　　　☐ どうですか

□ 181 ✎飯

米饭

mǐfàn

名 ライス、コメの飯
量 碗 wǎn

□ 182

肉

ròu

名 肉
一块肉 yí kuài ròu　ひとかたまりの肉
量 片 piàn

□ 183 ✎魚

鱼

yú

名 魚
一条鱼 yì tiáo yú　1 匹の魚
名 雨 yǔ → 511
量 条 tiáo

□ 184 ✎鶏

鸡

jī

名 鶏（ニワトリ）
鸡肉 jīròu　鶏肉
量 只 zhī

□ 185

猪

zhū

❗名 豚
猪肉 zhūròu　豚肉
「イノシシ」ではない
関 野猪 yězhū（イノシシ）
量 头 tóu、口 kǒu

□ 186

牛

niú

名 牛
牛肉 niúròu　牛肉
量 头 tóu

継续 ▼

1 週目

2 週目

3 週目

4 週目

5 週目

6 週目

7 週目

量詞方位詞・数詞

その他

中国では"早饭"（190）を外で買って食べる習慣があります。
中国に行ったら試してみてください。

Check 2　　　　　　　　　　　　　　　　　　　　🎧 065

南方人喜欢吃米饭。

Nánfāngrén xǐhuan chī mǐfàn.

南方の人は米［を食べるの］が好きです。

我不喜欢吃肉。

Wǒ bù xǐhuan chī ròu.

私は肉［を食べるの］が嫌いです。

你喜欢吃鱼吗?

Nǐ xǐhuan chī yú ma?

あなたは魚［を食べるの］が好きですか。

你吃鸡还是吃鱼?

Nǐ chī jī háishi chī yú?

あなたは鶏を食べますか、それとも魚を食べますか。

以前我家也有猪。

Yǐqián wǒ jiā yě yǒu zhū.

以前私の家にも豚がいました。

奶奶家有一头牛。

Nǎinai jiā yǒu yì tóu niú.

祖母の家には牛が1頭います。

継続
▼

Check 1　🎧 016

□ 187
羊
yáng

名 **羊**
羊肉 yángròu　羊肉
量 **只 zhī、头 tóu**

□ 188 ✐鶏
鸡蛋
jīdàn

名 **(鶏の) 卵**
买鸡蛋 mǎi jīdàn　卵を買う
打鸡蛋 dǎ jīdàn　卵を割る

□ 189 ✐飯
饭
fàn

名 **ご飯、食事**
吃饭 chī fàn　ご飯を食べる
量 **碗 wǎn**

□ 190 ✐飯
早饭
zǎofàn

名 **朝食**
吃早饭 chī zǎofàn　朝食を食べる

□ 191 ✐飯
午饭
wǔfàn

名 **昼食**
吃午饭 chī wǔfàn　昼食を食べる
≒ **中饭 zhōngfàn**

□ 192 ✐晩飯
晚饭
wǎnfàn

名 **夕食**
吃晚饭 chī wǎnfàn　夕食を食べる

**15日目 🎧 015
Quick Review**
答えは次頁

□ 水果　□ 点心　□ 饺子
□ 苹果　□ 面包　□ 炒饭
□ 西瓜　□ 蛋糕　□ 面条ㄦ
□ 葡萄　□ 馒头　□ 菜

这个动物园有十只羊。

Zhège dòngwùyuán yǒu shí zhī yáng.

この動物園には 10 匹の羊がいます。

我每天早饭吃一个鸡蛋。

Wǒ měi tiān zǎofàn chī yí ge jīdàn.

私は毎日朝食に卵を1つ食べます。

我们一起吃饭吧。

Wǒmen yìqǐ chī fàn ba.

私たちは一緒に食事をしましょう。

几点吃早饭?

Jǐ diǎn chī zǎofàn?

何時に朝食を食べますか。

我还没吃午饭。

Wǒ hái méi chī wǔfàn.

私はまだ昼食を食べていません。

我每天回家吃晚饭。

Wǒ měi tiān huí jiā chī wǎnfàn.

私は毎日家に帰って夕食を食べます。

☐ 果物	☐ おやつ	☐ ギョウザ
☐ リンゴ	☐ パン	☐ チャーハン
☐ スイカ	☐ ケーキ	☐ 麺
☐ ブドウ	☐ マントウ(中国式蒸しパン)	☐ 料理

名詞10

□ 193

味道

wèidao

名 味

□ 194

水

shuǐ

❗ 名 水

一杯水 yì bēi shuǐ　1杯の水

🈁 湯も"**水**"で表し、温度で"**凉水 liángshuǐ**"、"**温水 wēnshuǐ**"、"**热水 rèshuǐ**"、"**开水 kāishuǐ**"と使い分ける

□ 195 ✎湯

汤

tāng

❗ 名 スープ

喝汤 hē tāng　スープを飲む

🈯 形 烫 tàng（[過度に] 熱い）

🈹 酸辣汤 suānlà tāng（スワンラータン）
　玉米汤 yùmǐ tāng（コーンスープ）

□ 196

酒

jiǔ

名 酒

喝酒 hē jiǔ　酒を飲む

🈹 白酒 báijiǔ（白酒：パイチュウ）
　葡萄酒 pútaojiǔ（ワイン）
　啤酒　píjiǔ（ビール）

□ 197 ✎茶

茶

chá

名 茶

请喝茶。Qǐng hē chá.　お茶をどうぞ。

🈹 花茶 huāchá（ジャスミン茶）
　乌龙茶 wūlóngchá（ウーロン茶）
　绿茶 lǜchá（緑茶）

□ 198 ✎紅茶

红茶

hóngchá

名 紅茶

喝红茶 hē hóngchá　紅茶を飲む

🈶 杯 bēi

继续
▼

中国の食堂で"水"（194）と頼むと、茶葉が入った熱々の"水"が出てくることがあります。いろんな"水"に注意しましょう。

1
週目

2
週目

3
週目

4
週目

5
週目

6
週目

7
週目

量詞・数詞 方位詞

その他

Check 2　　　　　　　　　　　　　　　　　　🎧 066

这个菜味道很好。

Zhège cài wèidao hěn hǎo.

この料理は味がよいです。

每天要喝八杯水吗?

Měi tiān yào hē bā bēi shuǐ ma?

毎日 8 杯の水を飲まなければいけないのですか。

你喜欢喝汤吗?

Nǐ xǐhuan hē tāng ma?

スープを飲むのが好きですか。

我不会喝酒。

Wǒ bú huì hē jiǔ.

私はお酒が飲めません。

你喜欢喝什么茶?

Nǐ xǐhuan hē shénme chá?

あなたはどんなお茶 [を飲むの] が好きですか。

我喜欢喝红茶。

Wǒ xǐhuan hē hóngchá.

私は紅茶 [を飲むの] が好きです。

継続
▼

Check 1　　　　　　　　　　　🎧 017

□ 199
咖啡
kāfēi

图 コーヒー

咖啡厅 kāfēitīng　喫茶店

関 美式咖啡 měishì kāfēi（アメリカン）、拿铁咖
啡 nátiě kāfēi（ラテ）、卡普奇诺 kǎpǔqínuò（カ
プチーノ）　量 杯 bēi

□ 200
牛奶
niúnǎi

图 牛乳

喝牛奶 hē niúnǎi　牛乳を飲む

量 杯 bēi、瓶 píng

□ 201 ✏楽
可乐
kělè

图 コーラ

一瓶可乐 yì píng kělè　1本のコーラ

⊜图 音乐 yīnyuè → 362
量 杯 bēi、瓶 píng

□ 202 ✏啤
啤酒
píjiǔ

图 ビール

生啤酒 shēng píjiǔ　生ビール

量 杯 bēi、瓶 píng

□ 203
筷子
kuàizi

图 箸

一双筷子 yì shuāng kuàizi　1膳の箸

□ 204
杯子
bēizi

图 コップ、杯

一个杯子 yí ge bēizi　1つのコップ

<table>
<tr><td rowspan="4">16日目 🎧016
Quick Review
答えは次頁</td><td>□ 米饭</td><td>□ 猪</td><td>□ 饭</td></tr>
<tr><td>□ 肉</td><td>□ 牛</td><td>□ 早饭</td></tr>
<tr><td>□ 鱼</td><td>□ 羊</td><td>□ 午饭</td></tr>
<tr><td>□ 鸡</td><td>□ 鸡蛋</td><td>□ 晚饭</td></tr>
</table>

Check 2

🎧 066

1 週目

2 週目

3 週目

4 週目

5 週目

6 週目

7 週目

量詞 方位詞 数詞

その他

我喝一杯咖啡。

Wǒ hē yì bēi kāfēi.

私はコーヒーを1杯飲みます。

我要一杯热牛奶。

Wǒ yào yì bēi rè niúnǎi.

ホットミルクを1杯下さい。

不要喝太多的可乐。

Búyào hē tài duō de kělè.

たくさんのコーラを飲んではいけません。

我要喝啤酒。

Wǒ yào hē píjiǔ.

私はビールが飲みたいです。

请再给我一双筷子。

Qǐng zài gěi wǒ yì shuāng kuàizi.

お箸をもう1膳下さい。

请给我两个杯子。

Qǐng gěi wǒ liǎng ge bēizi.

コップを2つ下さい。

☐ ライス	☐ 豚	☐ ご飯
☐ 肉	☐ 牛	☐ 朝食
☐ 魚	☐ 羊	☐ 昼食
☐ 鶏	☐ (鶏の)卵	☐ 夕食

Check 1　　　　　　　　　　　　　　　　　　　　🎧 018

□ 205 ✎喫

吃

chī

動 **食べる**

吃饭 chī fàn　ごはんを食べる
吃药 chī yào　薬を飲む

□ 206 ✎喝

喝

hē

動 **飲む**

喝茶 hē chá　お茶を飲む

□ 207

到

dào

動 **到着する、着く**

型 "到" + 場所 + "去／来" の形で「〜に行く／来る」

□ 208

停

tíng

動 **止まる、停止する**

停车 tíng chē　駐車する

□ 209

打算

dǎsuan

動 **〜するつもりだ**

□ 210

想

xiǎng

助動 **〜したいと思う**
動 **考える**

想一想 xiǎng yi xiǎng　少し考えてみる

継続
▼

動詞をサポートする助動詞。動詞の前に置き「〜できる」「〜
すべきである」といった意味を表します。

Check 2　　　　　　　　　　　　　　　　　　　　　　　🎧 067

你吃面包吗?

Nǐ **chī** miànbāo ma?

あなたはパンを食べますか。

你喝牛奶吗?

Nǐ **hē** niúnǎi ma?

あなたは牛乳を飲みますか。

上海站到了。

Shànghǎi zhàn **dào** le.

上海駅に到着しました。

电梯停了。

Diàntī **tíng** le.

エレベーターが止まりました。

小王打算来日本留学。

Xiǎo-Wáng **dǎsuan** lái Rìběn liúxué.

王さんは日本に留学に来るつもりです。

我想去上海旅游。Wǒ **xiǎng** qù Shànghǎi lǚyóu.

私は上海に旅行に行きたいです。

我想办法。Wǒ **xiǎng** bànfǎ.

私は方法を考えます。

継続
▼

Check 1　🎧 018

□ 211 ✎願	助動 〜したいと思う
愿意	動 願う
yuànyì	

□ 212	助動 〜したい、しなければならない
要	→ 動 043
yào	

□ 213	❗ 助動 (学習・訓練によって) 〜できる、
会	〜かもしれない、〜であろう
huì	→ 動 561

□ 214	助動 (能力や条件があって) 〜できる
能	
néng	

□ 215 ✎以	助動 (許可されて) 〜してよい、〜でき
可以	る
kěyǐ	形 (比較的) よい

□ 216 ✎應該	助動 〜すべきである
应该	
yīnggāi	

17日目 🎧 017
Quick Review
答えは次頁

□ 味道	□ 茶	□ 可乐
□ 水	□ 红茶	□ 啤酒
□ 汤	□ 咖啡	□ 筷子
□ 酒	□ 牛奶	□ 杯子

1週目

2週目

3週目

4週目

5週目

6週目

7週目

方位詞
量詞
数詞

その他

你愿意去吗? Nǐ yuànyì qù ma?
あなたは行きたいですか。

你愿意我来吗? Nǐ yuànyì wǒ lái ma?
あなたは私に来てほしいですか。

我要买这本书。
Wǒ yào mǎi zhè běn shū.
私はこの本を買いたいです。

我会游泳。 Wǒ huì yóuyǒng.
私は泳げます。

今天晚上会下雨。 Jīntiān wǎnshang huì xià yǔ.
今晩は雨が降るかもしれません。

你今天能来吗?
Nǐ jīntiān néng lái ma?
あなたは今日来られますか。

这里可以照相吗? Zhèli kěyǐ zhàoxiàng ma?
ここで写真を撮ってもいいですか。

他的汉语还可以。 Tā de Hànyǔ hái kěyǐ.
彼の中国語はまあまあです。

你应该去。
Nǐ yīnggāi qù.
あなたは行くべきです。

☐ 味   ☐ 茶   ☐ コーラ
☐ 水   ☐ 紅茶   ☐ ビール
☐ スープ   ☐ コーヒー   ☐ 箸
☐ 酒   ☐ 牛乳   ☐ コップ

Check 1	🎧 019

□ 217 ✏️説

说

shuō

動 言う、話す
说话 shuō huà　話をする
🈺 一般的に"**说**"は「言う、話す」、"**谈**"は「話し合う」、
"**讲**"は「説明して言う、講演する」、ただし南方では
「言う、話す」は"**讲**"を使う

□ 218 ✏️講

讲

jiǎng

動 話す、語る
讲故事 jiǎng gùshi　お話をする

□ 219 ✏️談

谈

tán

動 話す、語る、討論する
谈话 tán huà　話をする

□ 220 ✏️問

问

wèn

動 尋ねる、問う、聞く
请问 qǐngwèn　お尋ねします

□ 221 ✏️画

画

huà

動 描く
画画儿 huà huàr　絵を描く
→ 名 365

□ 222 ✏️見

见

jiàn

❗ 動 会う
见朋友 jiàn péngyou　友達に会う

继续
▼

"看"(044)は「見る」、"见"(222)は「会う」、"会"(213)は「できる」、日本語との違いに注意しましょう。

1 週目

2 週目

3 週目

4 週目

5 週目

6 週目

7 週目

方位詞
量詞
数詞

その他

Check 2 ∩ 068

你说什么了?

Nǐ shuō shénme le?

何と言いましたか。

在教室里请讲汉语。

Zài jiàoshì li qǐng jiǎng Hànyǔ.

教室では中国語を話してください。

我们谈一谈吧。

Wǒmen tán yi tán ba.

私たち、ちょっと話しましょう。

你想问什么?

Nǐ xiǎng wèn shénme?

あなたは何を尋ねたいのですか。

我妹妹喜欢画画儿。

Wǒ mèimei xǐhuan huà huàr.

妹は絵を描くのが好きです。

明天见。

Míngtiān jiàn.

また明日。

継续
▼

Check 1　　　　　　　　　　　　　　　　🎧 019

□ 223 ✎ 買

买

mǎi

動 **買う**

买书 mǎi shū　本を買う

対 動 **卖** mài（売る）

□ 224 ✎ 売

卖

mài

動 **売る**

卖书 mài shū　本を売る

対 動 **买** mǎi（買う）

表 "**怎么卖**" の形で量り売りされる果物などの価格を尋ねる表現になる

□ 225

站

zhàn

動 **立つ**

站着 zhànzhe　立っている

名 **駅**

□ 226

躺

tǎng

動 **横になる**

躺着 tǎngzhe　横になっている

□ 227

住

zhù

⚠ 動 **住む、泊まる**

住饭店 zhù fàndiàn　ホテルに泊まる

表 長期的に「住む」だけでなく、旅行など短期的に「宿泊する」という意味もある

□ 228

等

děng

⚠ 動 **待つ**

等一下 děng yíxià　ちょっと待って

18日目 🎧 018 Quick Review 答えは次頁	□ 吃 □ 喝 □ 到 □ 停	□ 打算 □ 想 □ 愿意 □ 要	□ 会 □ 能 □ 可以 □ 应该

1週目

2週目

3週目

4週目

5週目

6週目

7週目

方位詞
量詞
数詞

その他

我买了一本书。

Wǒ mǎile yì běn shū.

私は本を 1 冊買いました。

手机在哪儿卖?　Shǒujī zài nǎr mài?

携帯電話はどこで売っていますか。

这个苹果怎么卖?　Zhè ge píngguǒ zěnme mài?

このリンゴはいくらですか。

门外站着一个人。

Mén wài zhànzhe yí ge rén.

ドアの外に人が立っています。

我累了，想躺一会儿。

Wǒ lèi le, xiǎng tǎng yíhuìr.

疲れたので、ちょっと横になりたいです。

你住在哪儿?

Nǐ zhùzài nǎr?

あなたはどこに住んでいますか。

请等一下好吗?

Qǐng děng yíxià hǎo ma?

少し待ってもらえませんか。

□ 食べる	□ ～するつもりだ	□ (学習・訓練によって)～できる、～かもしれない
□ 飲む	□ ～したいと思う	□ (能力や条件があって)～できる
□ 到着する	□ ～したいと思う	□ (許可されて)～してよい
□ 止まる	□ ～したい	□ ～すべきである

Check 1   🎧 020

□ 229 ✏餓 **饿** è	形 **おなかがすいている** ⇔ 饱 bǎo（おなかがいっぱいである）
□ 230 ✏渇 **渴** kě	形 **のどが渇いている** 🔲 喝 hē（飲む）
□ 231 ✏飽 **饱** bǎo	形 **おなかがいっぱいである** ⇔ 饿 è（おなかがすく）
□ 232 ✏酸 **酸** suān	❗ 形 **酸っぱい**
□ 233 **甜** tián	形 **甘い**
□ 234 **苦** kǔ	形 **苦い、つらい**

継続
▼

"酸甜苦辣咸"や"东南西北"といったまとまりで覚える単語に注目！

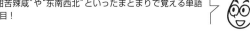

1 週目

2 週目

3 週目

4 週目

5 週目

6 週目

7 週目

方位詞 量詞 数詞

その他

Check 2　　　　　　　　　　　　　　　　　　　　🎧 069

我饿了。
Wǒ è le.
私はおなかがすきました。

口渴了。
Kǒu kě le.
のどが渇きました。

谢谢，我已经吃饱了。
Xièxie, wǒ yǐjīng chībǎo le.
ありがとうございます、私はもうおなかがいっぱいになりました。

这个菜非常酸。
Zhège cài fēicháng suān.
この料理は非常に酸っぱいです。

这个点心太甜了。
Zhège diǎnxin tài tián le.
このお菓子は甘すぎます。

这个药很苦。
Zhège yào hěn kǔ.
この薬は苦いです。

継续
▼

Check 1　　　　　　　　　　　　　　　　　　　🎧 020

□ 235
辣
là
形 辛い

□ 236
咸
xián
形 塩辛い

□ 237 🖉错
不错
búcuò
形 素晴らしい、悪くない
还不错 hái búcuò　まあまあよい
📖 プラスの意味であることに注意

□ 238 🖉喫
好吃
hǎochī
形 (食べて) おいしい

□ 239 🖉喝
好喝
hǎohē
形 (飲んで) おいしい

□ 240
好看
hǎokàn
形 (見た目が)きれいだ、美しい、素晴らしい
関 **好听** hǎotīng ([聞いて] 美しい)
📖 見た目がきれいだけでなく、映画やテレビを見て「素晴らしい」と思う、転じて「おもしろい」という意味にもなる

19日目 🎧019 Quick Review 答えは次頁	□ 说 □ 讲 □ 谈 □ 问	□ 画 □ 见 □ 买 □ 卖	□ 站 □ 躺 □ 住 □ 等

1 週目
2 週目
3 週目
4 週目
5 週目
6 週目
7 週目
方位詞
量詞 数詞
その他

这个菜真辣。
Zhège cài zhēn là.
この料理は本当に辛いです。

这个菜有点儿咸。
Zhège cài yǒudiǎnr xián.
この料理はちょっと塩辛いです。

这个菜味道不错。
Zhège cài wèidao búcuò.
この料理は味がなかなかよいです。

这个饺子很好吃。
Zhège jiǎozi hěn hǎochī.
このギョウザはおいしいです。

你做的汤真好喝！
Nǐ zuò de tāng zhēn hǎohē!
あなたが作ったスープは本当においしいですね！

这件衣服很好看。 Zhè jiàn yīfu hěn hǎokàn.
この服はきれいです（⇒すてきだ）。

这个电影很好看。 Zhège diànyǐng hěn hǎokàn.
この映画は素晴らしい（⇒おもしろい）です。

☐ 言う、話す　☐ 描く　☐ 立つ
☐ 話す　☐ 会う　☐ 横になる
☐ 話す　☐ 買う　☐ 住む
☐ 尋ねる　☐ 売る　☐ 待つ

□ 241

的

de

助 の

□ 242

吗

ma

助 〜か

□ 243

了

le

助（動作の完了）〜した
（状況の発生）〜になった

□ 244 ✎着

着

zhe

助（持続を表す）〜している
◎ 助 着急 zháojí → 321

□ 245 ✎过

过

guo

助（経験を表す）〜したことがある

□ 246

吧

ba

助（勧誘・命令・推測を表す）〜しましょ
う、〜しなさい、〜でしょう

継続
▼

1 週目

2 週目

3 週目

4 週目

5 週目

6 週目

7 週目

方位詞 量詞・数詞

その他

Check 2 🎧 070

这是小刘的书吗?
Zhè shì Xiǎo-Liú de shū ma?
これは劉さんの本ですか。

明天你去吗?
Míngtiān nǐ qù ma?
明日あなたは行きますか。

我喝了两杯咖啡。 Wǒ hēle liǎng bēi kāfēi.
私はコーヒーを2杯飲みました。

病好了。 Bìng hǎo le.
病気はよくなりました。

门开着呢。
Mén kāizhe ne.
ドアが開いています。

我去过一次西安。
Wǒ qùguo yí cì Xī'ān.
私は西安に1回行ったことがあります。

我们一起去吃饭吧。 Wǒmen yìqǐ qù chī fàn ba.
私たちは一緒に食事に行きましょう。

你说吧! Nǐ shuō ba!
言いなさいよ!

継続
▼

Check 1　🎧 021

□ 247 **呢** ne	助（疑問の語気を助ける、省略疑問文に用いて）〜は？ 你呢？Nǐ ne？　あなたは？
□ 248 **啊** a	助（感嘆の語気を表して）〜ね！
□ 249 **喂** wéi	助 もしもし
□ 250 **哎呀** āiyā	嘆（意外、驚き、残念な気持ちを表し）うわっ、あっ、あーあ ⇔ "哎哟" āiyō
□ 251 **咦** yí	嘆（驚きを表し）え？
□ 252 ✎還 **还是** háishi	接（選択疑問文で）それとも 副 → 415

20日目 🎧020
Quick Review
答えは次頁

□ 饿	□ 甜	□ 不错
□ 渴	□ 苦	□ 好吃
□ 饱	□ 辣	□ 好喝
□ 酸	□ 咸	□ 好看

他怎么不来呢? Tā zěnme bù lái ne?

彼はどうして来ないのですか。

我点这个，你呢? Wǒ diǎn zhège, nǐ ne?

私はこれを注文しますが、あなたは？

汉语真难啊!

Hànyǔ zhēn nán a!

中国語はほんとうに難しいですね！

喂，是小杨吗?

Wéi, shì Xiǎo-Yáng ma?

もしもし、楊さんですか。

哎呀，下雨了。

Āiyā, xià yǔ le.

うわっ、雨だ。

咦，他怎么还没到?

Yí, tā zěnme hái méi dào?

え、 彼はどうしてまだ到着していないのですか。

你喜欢吃小笼包还是喜欢吃饺子?

Nǐ xǐhuan chī xiǎolóngbāo háishi xǐhuan chī jiǎozi?

ショウロンポー［を食べるの］が好きですか、それともギョウザ［を食べるの］が好きですか。

□ おなかがすいている   □ 甘い   □ 素晴らしい
□ のどが渇いている   □ 苦い   □ （食べて）おいしい
□ おなかがいっぱいである   □ 辛い   □ （飲んで）おいしい
□ 酸っぱい   □ 塩辛い   □ （見た目が）きれいだ

まとめて覚えよう　－ 通貨

中国の法定通貨は"人民币 rénmínbì"（RMBと表記することも）で、通貨単位は"元 yuán"です。"元"の下位単位として"角 jiǎo"と"分 fēn"があり、1元=10角=100分となります。話し言葉では、"元"を"块 kuài"、"角"を"毛 máo"と言います。

1.00元	一块 yí kuài	**2.00元**	两块 liǎng kuài
1.10元	一块一毛 yí kuài yì máo 一块一 yí kuài yī	**2.20元**	两块二毛 liǎng kuài èr máo 两块二 liǎng kuài èr
11.10元	十一块一毛 shíyī kuài yì máo 十一块一 shíyī kuài yī	**22.20元**	二十二块二毛 èrshi'èr kuài èr máo 二十二块二 èrshi'èr kuài èr
110.00元	一百一十块 yì bǎi yìshí kuài	**222.00元**	两百二十二块 liǎngbǎi èrshi'èr kuài 二百二十二块 èrbǎi èrshi'èr kuài

※価格表示では、10.00元のように、"元"より下の位を小数点で表します。
※"元"と"块"の後ろに数字が続く場合、"13元2"、"13块2"のように"角"と"毛"は省略できます。
※"110"は"一百一十"のように最後の位を表す"十"を省略できますが、"110块"のように"块"がつくと位は省略できません。
※日本円を表す場合は、話し言葉も書き言葉も"日元 rìyuán"と言います。
　1000日元 yì qiān rìyuán（1000円）

キクタン中国語

4週目

✔ 学習したらチェック！

中国語で言ってみよう！

時間になりました。

（答えは 276）

□ 253

早上

zǎoshang

图**朝**

早上八点 zǎoshang bā diǎn　朝の 8 時
📖 夜明けからの 2、3 時間を指す

□ 254

上午

shàngwǔ

图**午前、午前中**

上午十点 shàngwǔ shí diǎn　午前 10 時
📖 朝から正午までを指す

□ 255

中午

zhōngwǔ

图**昼**

中午十二点 zhōngwǔ shí'èr diǎn　正午 12 時
📖 昼の 12 時前後を指す

□ 256

下午

xiàwǔ

图**午後**

下午两点 xiàwǔ liǎng diǎn　午後 2 時
📖 正午から日の入りまでを指す

□ 257 ✏晚

晚上

wǎnshang

图**夜**

晚上八点 wǎnshang bā diǎn　夜 8 時
📖 日没から夜中までを指す

□ 258 ✏天

白天

báitiān

图**昼間、日中**

📖 太陽が出ている時間帯を指す

継続
▼

1週目

2週目

3週目

4週目

5週目

6週目

7週目

方位詞・量詞・数詞

その他

時に関する名詞は、それぞれの単語が示す時間の範囲や、時間の流れの中での位置をしっかり確認しましょう。

Check 2　🎧 071

今天早上我没吃早饭。

Jīntiān zǎoshang wǒ méi chī zǎofàn.

今朝私は朝食を食べていません。

每天上午有两节课。

Měi tiān shàngwǔ yǒu liǎng jié kè.

毎日午前中に2コマ授業があります。

中午可以休息一会儿。

Zhōngwǔ kěyǐ xiūxi yíhuìr.

お昼に少し休めます。

今天下午你有空儿吗?

Jīntiān xiàwǔ nǐ yǒu kòngr ma?

今日の午後暇はありますか。

我晚上十点睡觉。

Wǒ wǎnshang shí diǎn shuìjiào.

私は夜10時に寝ます。

他明天白天到。

Tā míngtiān báitiān dào.

彼は明日の昼間に着きます。

継续
▼

Check 1　　　　　　　　　　　　　　　　🎧 022

□ 259
夜里
yèli

名 **夜中**
📖 深夜の時間帯を指す

□ 260 ✎天
前天
qiántiān

名 **おととい**

□ 261 ✎天
昨天
zuótiān

名 **昨日**

□ 262 ✎今天
今天
jīntiān

名 **今日**

□ 263 ✎天
明天
míngtiān

名 **明日**

□ 264 ✎後天
后天
hòutiān

名 **あさって**

21日目 🎧021 Quick Review 答えは次頁	□ 的 □ 吗 □ 了 □ 着	□ 过 □ 吧 □ 呢 □ 啊	□ 喂 □ 哎呀 □ 咦 □ 还是

1週目

2週目

3週目

4週目

5週目

6週目

7週目

方位詞 量詞 数詞

その他

昨天夜里下雨了。

Zuótiān yèli xià yǔ le.

昨日の夜中、雨が降りました。

他前天回国了。

Tā qiántiān huí guó le.

彼はおととい帰国しました。

昨天是星期四。

Zuótiān shì xīngqīsì.

昨日は木曜日でした。

今天是几月几号?

Jīntiān shì jǐ yuè jǐ hào?

今日は何月何日ですか。

明天是星期天。

Míngtiān shì xīngqītiān.

明日は日曜日です。

我后天去学校。

Wǒ hòutiān qù xuéxiào.

私はあさって学校に行きます。

□ の	□ (経験を表す)～したことがある	□ もしもし
□ ～か	□ (勧誘・命令・推測を表す)～しましょう	□ うわっ、あっ、あーあ
□ (完了)～した	□ (疑問の語気を助ける、省略疑問文に用いる)～は?	□ (驚きを表す)え?
□ (持続)～している	□ (感嘆の語気を表す)～ね!	□ (選択疑問文で)それとも

Check 1　　　　　　　　　　　　　　🎧 023

□ 265 ✎每天
每天
měi tiān

名 **毎日**
毎天早上 měi tiān zǎoshang　每朝

□ 266
星期
xīngqī

名 **週、曜日**
関 这星期 zhè xīngqī〔今週〕
　 上星期 shàng xīngqī〔先週〕
　 下星期 xià xīngqī〔来週〕
　 毎星期 měi xīngqī〔毎週〕

□ 267
星期一
xīngqīyī

名 **月曜日**
⇔ 礼拜一 lǐbàiyī、周一　zhōuyī

□ 268 ✎天
星期天
xīngqītiān

名 **日曜日**
⇔ 星期日 xīngqīrì、礼拜天　lǐbàitiān

□ 269
前年
qiánnián

❗ 名 **おととし**

□ 270
去年
qùnián

名 **去年**

继续
▼

曜日の言い方は"星期"(266)と"周"が比較的よく使われます。同じ意味でも複数の言い方があります。

Check 2　⌂ 072

你每天怎么去大学?

Nǐ měi tiān zěnme qù dàxué?

あなたは毎日どうやって大学に行きますか。

今天星期几?

Jīntiān xīngqī jǐ?

今日は何曜日ですか。

我星期一去学校。

Wǒ xīngqīyī qù xuéxiào.

私は月曜日に学校に行きます。

我星期天休息。

Wǒ xīngqītiān xiūxi.

私は日曜日は休みます。

他前年上大学了。

Tā qiánnián shàng dàxué le.

彼はおととし大学に入学しました。

我去年结婚了。

Wǒ qùnián jiéhūn le.

私は去年結婚しました。

継続
▼

Check 1　　　　　　　　　　　　　　　　　　🎧 023

□ 271 ✐今
今年
jīnnián

名 **今年**

□ 272
明年
míngnián

名 **来年**

□ 273 ✐後
后年
hòunián

名 **再来年**

□ 274 ✐現
现在
xiànzài

名 **今**

□ 275 ✐時
时候
shíhou

名 **(〜の) とき**
小时候 xiǎo shíhou　小さい頃
回来的时候 huílai de shíhou　帰って来たとき

□ 276 ✐時間
时间
shíjiān

名 **時間**
没有时间 méiyǒu shíjiān　時間がない

| 22日目 🎧 022 Quick Review 答えは次頁 | □ 早上 □ 上午 □ 中午 □ 下午 | □ 晚上 □ 白天 □ 夜里 □ 前天 | □ 昨天 □ 今天 □ 明天 □ 后天 |

我今年二十岁了。

Wǒ jīnnián èrshí suì le.

私は今年 20 歳になりました。

明年我想去中国旅游。

Míngnián wǒ xiǎng qù Zhōngguó lǚyóu.

来年私は中国に旅行に行きたいです。

我打算后年去留学。

Wǒ dǎsuan hòunián qù liúxué.

私は再来年留学するつもりです。

现在八点。

Xiànzài bā diǎn.

今、8 時です。

你什么时候来日本?

Nǐ shénme shíhou lái Rìběn?

あなたはいつ日本に来ますか。

时间到了。

Shíjiān dào le.

時間になりました。

☐ 朝	☐ 夜	☐ 昨日
☐ 午前	☐ 昼間	☐ 今日
☐ 昼	☐ 夜中	☐ 明日
☐ 午後	☐ おととい	☐ あさって

□ 277 ✏春天　　　　　　　　　　名春

春天
chūntiān

□ 278 ✏天　　　　　　　　　　　名夏

夏天
xiàtiān

□ 279 ✏天　　　　　　　　　　　名秋

秋天
qiūtiān

□ 280 ✏天　　　　　　　　　　　名冬

冬天
dōngtiān

□ 281　　　　　　　　　　　　名夏休み
　　　　　　　　　　　　　　放暑假 fàng shǔjià　夏休みになる

暑假
shǔjià

□ 282　　　　　　　　　　　　名冬休み
　　　　　　　　　　　　　　放寒假 fàng hánjià　冬休みになる

寒假
hánjià

继续
▼

漢字に注目。"春"の字をよく見てください。日本の漢字との違いが分かりますか？

1 週目

2 週目

3 週目

4 週目

5 週目

6 週目

7 週目

方位詞 量詞・数詞

その他

Check 2

春天来了。
Chūntiān lái le.
春が来ました。

我喜欢夏天。
Wǒ xǐhuan xiàtiān.
私は夏が好きです。

现在已经是秋天了。
Xiànzài yǐjīng shì qiūtiān le.
今はもう秋です。

去年冬天不太冷。
Qùnián dōngtiān bú tài lěng.
去年、冬はあまり寒くありませんでした。

我打算暑假去中国。
Wǒ dǎsuan shǔjià qù Zhōngguó.
私は夏休みに中国に行く予定です。

寒假有多少天?
Hánjià yǒu duōshao tiān?
冬休みは何日ありますか。

継続
▼

Check 1　🎧 024

□ 283 ✏節
节日
jiérì

名 祝祭日
祝贺节日 zhùhè jiérì　祝日を祝う
関 国庆节 Guóqìng Jié（10月1日国慶節）
　　劳动节 Láodòng Jié（5月1日労働節・メーデー）

□ 284 ✏春節
春节
Chūnjié

名 春節、（旧暦の）正月
过春节 guò Chūnjié　春節を過ごす
注 旧暦の正月のため、毎年日付が異なる

□ 285
最近
zuìjìn

名 最近

□ 286 ✏剛才
刚才
gāngcái

名 さっき

□ 287 ✏以
以前
yǐqián

名 以前、～の前

□ 288 ✏以後
以后
yǐhòu

名 以後、今後、～の後

今天是什么节日?

Jīntiān shì shénme jiérì?

今日は何の祝日ですか。

你在中国过春节吗?

Nǐ zài Zhōngguó guò Chūnjié ma?

あなたは中国で春節を過ごしますか。

我最近工作很忙。

Wǒ zuìjìn gōngzuò hěn máng.

私は最近仕事が忙しいです。

老师刚才说什么了?

Lǎoshī gāngcái shuō shénme le?

先生はさっき何とおっしゃいましたか。

我以前在这儿工作。

Wǒ yǐqián zài zhèr gōngzuò.

私は以前ここで働いていました。

以后有机会，我想去美国。

Yǐhòu yǒu jīhuì, wǒ xiǎng qù Měiguó.

今後機会があれば、アメリカに行きたいです。

□ 毎日	□ おととし	□ 再来年
□ 週、曜日	□ 去年	□ 今
□ 月曜日	□ 今年	□ (〜の)とき
□ 日曜日	□ 来年	□ 時間

□ 289
起床
qǐˇchuáng

🟦 起きる
六点起床 liù diǎn qǐchuáng　6 時に起きる

□ 290 🖊覚
睡觉
shuìˇjiào

🟦 寝る、眠る
十二点睡觉 shí'èr diǎn shuìjiào　12 時に寝る
🈁 🟦 觉得 juéde → 551

□ 291
洗澡
xǐˇzǎo

🟦 入浴する
九点洗澡 jiǔ diǎn xǐzǎo　9 時に風呂に入る

□ 292
洗
xǐ

🟦 洗う
洗衣服 xǐ yīfu　洗濯する

□ 293
上学
shàngˇxué

🟦 学校へ行く、登校する
八点上学 bā diǎn shàngxué　8 時に学校に行く
🈂 下学 xiàˇxué（学校がひける）
放学 fàngˇxué（授業が終わる、下校する）

□ 294 🖊課
上课
shàngˇkè

🟦 授業に出る、授業をする、授業が始まる
九点上课 jiǔ diǎn shàngkè　9 時に授業が始まる

継続
▼

1 週目
2 週目
3 週目
4 週目
5 週目
6 週目
7 週目
量詞数詞 方位詞
その他

shuì▾jiào(290)のような書き方をしているのは離合詞です。
「動詞＋目的語」の組み合わせでできている動詞です。

Check 2 🎧 074

我每天早上八点起床。
Wǒ měi tiān zǎoshang bā diǎn qǐchuáng.
私は毎朝8時に起きます。

你几点睡觉?
Nǐ jǐ diǎn shuìjiào?
あなたは何時に寝ますか。

你先洗澡吧。
Nǐ xiān xǐzǎo ba.
あなたは先にお風呂に入ってください。

每天我要洗衣服。
Měi tiān wǒ yào xǐ yīfu.
毎日私は洗濯をしないといけません。

你几点上学?
Nǐ jǐ diǎn shàngxué?
あなたは何時に学校に行きますか。

渡边昨天没来上课。Dùbiān zuótiān méi lái shàngkè.
渡辺さんは昨日授業に来ませんでした。

现在开始上课。Xiànzài kāishǐ shàngkè.
今から授業を始めます。

继续
▼

Check 1　🎧 025

□ 295 ✎課
下课
xià▾kè

🈺 授業が終わる、授業を終える
四点下课 sì diǎn xiàkè　4 時に授業が終わる

□ 296 ✎遅
迟到
chídào

🈺 遅刻する

□ 297 ✎発
出发
chūfā

🈺 出発する
明天出发 míngtiān chūfā　明日出発する

□ 298
回家
huí jiā

🈺 家に帰る
晚上回家 wǎnshang huí jiā　夜家に帰る

□ 299
上班
shàng▾bān

🈺 出勤する
八点半上班 bā diǎn bàn shàngbān　8 時半に出勤する

□ 300
下班
xià▾bān

🈺 退勤する
五点下班 wǔ diǎn xiàbān　5 時に退勤する

24日目　🎧 024
Quick Review
答えは次頁

□ 春天	□ 暑假	□ 最近
□ 夏天	□ 寒假	□ 刚才
□ 秋天	□ 节日	□ 以前
□ 冬天	□ 春节	□ 以后

1 週目

2 週目

3 週目

4 週目

5 週目

6 週目

7 週目

量詞・数詞 方位詞

その他

你今天几点下课?

Nǐ jīntiān jǐ diǎn xiàkè?

今日は何時に授業が終わりますか。

不要迟到。

Búyào chídào.

遅刻しないように。

我们从学校出发。

Wǒmen cóng xuéxiào chūfā.

私たちは学校から出発します。

我十点回家。

Wǒ shí diǎn huí jiā.

私は 10 時に帰宅します。

上午九点上班。

Shàngwǔ jiǔ diǎn shàngbān.

午前 9 時に出勤する。

我每天五点半下班。

Wǒ měi tiān wǔ diǎn bàn xiàbān.

私は毎日 5 時半に退勤します。

☐ 春	☐ 夏休み	☐ 最近
☐ 夏	☐ 冬休み	☐ さっき
☐ 秋	☐ 祝祭日	☐ 以前
☐ 冬	☐ 春節	☐ 以後

□ 301 🖊念

念

niàn

❶ 🔟（声に出して）**読む、朗読する、**
（学校で）勉強する

念课文 niàn kèwén　教科書の本文を音読する
念书 niànshū　勉強する

□ 302 🖊読

读

dú

❶ 🔟**読み上げる、閲読する、**
（学校で）勉強する

□ 303

学

xué

🔟**学ぶ、勉強する**

学中文 xué Zhōngwén　中国語を勉強する
🔑 "学"と"学习"は同じ意味、場面で使用することが
できるが、"学"は目的語が必要

□ 304 🖊習

学习

xuéxí

🔟**学ぶ、勉強する**

□ 305 🖊復習

复习

fùxí

🔟**復習する**

每天复习 měi tiān fùxí　毎日復習する
🔁 预习 yùxí（予習する）

□ 306 🖊練習

练习

liànxí

🔟**練習する**

练习发音 liànxí fāyīn　発音を練習する
名 練習

继续
▼

1 週目

2 週目

3 週目

4 週目

5 週目

6 週目

7 週目

量詞 方位詞 数詞

その他

書名は、302の例文のように日本語では『三国演義』のように『　』で括り、中国語では≪　≫を使います。

Check 2 　🎧 075

这个字怎么念?　Zhège zì zěnme niàn?

この字はどう読むのですか。

我妹妹正在念小学。　Wǒ mèimei zhèngzài niàn xiǎoxué.

私の妹は小学校に通っています。

我每天读课文。　Wǒ měi tiān dú kèwén.

私は毎日本文を音読します。

你读过《三国演义》吗?　Nǐ dúguo《Sānguó yǎnyì》ma?

あなたは『三国演義』を読んだこと（閲読したこと）がありますか。

我每天学汉语。

Wǒ měi tiān xué Hànyǔ.

私は毎日中国語を勉強します。

我在大学学习汉语。

Wǒ zài dàxué xuéxí Hànyǔ.

私は大学で中国語を勉強します。

先复习一下吧。

Xiān fùxí yíxià ba.

先に少し復習をしましょう。

我每天练习写汉字。

Wǒ měi tiān liànxí xiě Hànzì.

私は毎日漢字を書く練習をします。

継続
▼

Check 1　　　　　　　　　　　　　　　　　　🎧 026

□ 307 ✐準備
准备
zhǔnbèi

動 **準備する、〜するつもりである**
准备考试 zhǔnbèi kǎoshì　試験の準備をする

□ 308 ✐試
考试
kǎoshì

動 **試験をする、試験を受ける**
考试成绩 kǎoshì chéngjì　試験の成績

□ 309
教
jiāo

動 **教える**
🈴 技術や知識を教える
😀 名 **教室** jiàoshì → 113

□ 310
懂
dǒng

動 **分かる**
听不懂 tīngbudǒng　（聞いて）分からない

□ 311
数
shǔ

動 **数える**
数数 shǔ shù　数を数える
😀 名 **数** shù（数）

□ 312 ✐開
开始
kāishǐ

動 **始まる、始める**
开始上课 kāishǐ shàngkè　授業を始める

25日目 🎧025
Quick Review
答えは次頁

□ 起床	□ 上学	□ 出发
□ 睡觉	□ 上课	□ 回家
□ 洗澡	□ 下课	□ 上班
□ 洗	□ 迟到	□ 下班

她在准备明天的课。 Tā zài zhǔnbèi míngtiān de kè.
彼女は明日の授業の準備をしています。

我准备去中国旅游。 Wǒ zhǔnbèi qù Zhōngguó lǚyóu.
私は中国に旅行に行くつもりです。

明天下午考试，好吗? Míngtiān xiàwǔ kǎoshì, hǎo ma?
明日の午後試験をしますが、いいですか。

你们上星期考试了吗? Nǐmen shàng xīngqī kǎoshì le ma?
あなたたちは先週テストを受けましたか。

王老师教我们日语。
Wáng lǎoshī jiāo wǒmen Rìyǔ.
王先生は私たちに日本語を教えてくださいます。

今天的课你懂了吗?
Jīntiān de kè nǐ dǒng le ma?
今日の授業、あなたは分かりましたか。

你数一数吧。
Nǐ shǔ yi shǔ ba.
ちょっと数えてみて。

电影已经开始了。
Diànyǐng yǐjīng kāishǐ le.
映画はもう始まりました。

□ 起きる　　□ 学校へ行く　　□ 出発する
□ 寝る　　　□ 授業に出る　　□ 家に帰る
□ 入浴する　□ 授業が終わる　□ 出勤する
□ 洗う　　　□ 遅刻する　　　□ 退勤する

Check 1   🎧 027

□ 313 ✎難

难

nán

形 **難しい**

□ 314 ✎簡単

简单

jiǎndān

形 **簡単だ**

□ 315

容易

róngyì

形 **易しい**

□ 316 ✎煩

麻烦

máfan

形 **面倒である、煩わしい**
動 面倒をかける

□ 317 ✎壊

坏

huài

❗ 形 **悪い、壊れた**
動 壊れる

□ 318 ✎認真

认真

rènzhēn

形 **まじめだ**

继续
▼

再び漢字に注目です。"认真"(318)の"真"、"着急"(321)の
"着"ですが、日本の漢字との違いが分かりますか？

1週目
2週目
3週目
4週目
5週目
6週目
7週目
方位詞・量詞・数詞
その他

Check 2 🎧 076

这个问题很难。
Zhège wèntí hěn nán.
この問題は難しいです。

这是一个很简单的问题。
Zhè shì yí ge hěn jiǎndān de wèntí.
これはとても簡単な問題です。

这个问题很容易。
Zhège wèntí hěn róngyì.
この問題は易しいです。

这个问题很麻烦。 Zhège wèntí hěn máfan.
この問題は面倒です。

麻烦你了。 Máfan nǐ le.
お手数をかけました。

他不是坏人。 Tā bú shì huàirén.
彼は悪い人ではありません。

我的电脑坏了。 Wǒ de diànnǎo huài le.
私のパソコンは壊れました。

他很认真。
Tā hěn rènzhēn.
彼はまじめです。

继续
▼

Check 1　　　　　　　　　　　　　　　　　　　　🎧 027

□ 319

努力

nǔlì

形 一生懸命である
動 努力する

□ 320 ✎聡

聡明

cōngmíng

形 賢い

□ 321 ✎着

着急

zháojí

形 焦る、あわてる
◎助 **着** zhe → 244

□ 322 ✎気

客气

kèqi

形 礼儀正しい
動 遠慮する
别客气 Bié kèqi. ご遠慮なく。

□ 323 ✎熱

热情

rèqíng

❗形 親切だ

□ 324 ✎興

高兴

gāoxìng

形 うれしい
動 喜ぶ、うれしがる

26日目 🎧026
Quick Review
答えは次頁

□ 念	□ 复习	□ 教
□ 读	□ 练习	□ 懂
□ 学	□ 准备	□ 数
□ 学习	□ 考试	□ 开始

他工作非常努力。
Tā gōngzuò fēicháng nǔlì.
彼は仕事に非常に一生懸命です。

他很聪明。
Tā hěn cōngming.
彼は賢いです。

别着急。
Bié zháojí.
あわてないで。

这里的学生都很客气。Zhèli de xuésheng dōu hěn kèqi.
ここの学生はみな礼儀正しいです。

你太客气了。Nǐ tài kèqi le.
遠慮しすぎです。

他对我很热情。
Tā duì wǒ hěn rèqíng.
彼は私に親切です。

我今天特别高兴。
Wǒ jīntiān tèbié gāoxìng.
私は今日は特別うれしいです。

□ (声に出して)読む　　□ 復習する　　　　□ 教える
□ 読み上げる　　　　　□ 練習する　　　　□ 分かる
□ 学ぶ　　　　　　　　□ 準備する　　　　□ 数える
□ 学ぶ　　　　　　　　□ 試験をする　　　□ 始まる

Check 1　　　　　　　　　　　　　　　　　　　　　　🎧 028

□ 325

正

zhèng

❗副 ちょうど~しているところだ

□ 326

正在

zhèngzài

副 ちょうど~しているところだ

🔤 進行形は"正在"、"在"、"正"と"呢 ne"を組み合わせて表す

□ 327

在

zài

❗副 ~している

→ 動 042　前 567

□ 328

就

jiù

副 すぐに、ほかでもなく

□ 329 ✏才

才

cái

副 やっと、ようやく

□ 330

先

xiān

副 先に、まず

🔤 先~再… xiān ~ zài…（先に~してから…する）

継続
▼

"再"（335）と"又"（336）、どちらも日本語では「また」ですが、中国語の用法をよく理解して使い分けましょう。

Check 2 🎧 077

他正上课呢。

Tā zhèng shàngkè ne.

彼はちょうど授業中です。

妈妈正在做饭呢。

Māma zhèngzài zuò fàn ne.

母はちょうど食事を作っています。

他在学习汉语。

Tā zài xuéxí Hànyǔ.

彼は中国語を勉強しています。

我马上就去。

Wǒ mǎshàng jiù qù.

私はすぐに行きます。

我昨天晚上十二点才睡觉。

Wǒ zuótiān wǎnshang shí'èr diǎn cái shuìjiào.

私は昨夜 12 時にやっと寝ました。

你们先吃吧，不要等我。

Nǐmen xiān chī ba, búyào děng wǒ.

あなたたちは先に食べて、私を待たないで。

継续
▼

Check 1　　　　　　　　　　　　　🎧 028

□ 331 ✏経
已经
yǐjīng
副 もう、すでに

□ 332 ✏馬
马上
mǎshàng
❗副 すぐに
马上来 mǎshàng lái　すぐ来ます

□ 333 ✏直
一直
yìzhí
副 ずっと、まっすぐに
一直往前走 yìzhí wǎng qián zǒu　まっすぐ前に歩く

□ 334 ✏刚
刚
gāng
副 ～したばかり

□ 335
再
zài
副 また、もう一度、さらに
🈁 繰り返しがこれから実現するとき

□ 336
又
yòu
副 また
🈁 繰り返しが実現済みのとき

27日目 🎧 027
Quick Review
答えは次頁

□ 难　□ 坏　□ 着急
□ 简单　□ 认真　□ 客气
□ 容易　□ 努力　□ 热情
□ 麻烦　□ 聪明　□ 高兴

Check 2

🎧 077

1 週目

2 週目

3 週目

4 週目

5 週目

6 週目

7 週目

方位詞 量詞・数詞

その他

他已经回家了。

Tā yǐjīng huí jiā le.

彼はもう家に帰りました。

他马上就来，你等一下。

Tā mǎshàng jiù lái, nǐ děng yíxià.

彼はすぐに来るから、ちょっと待ってください。

我一直没有时间。

Wǒ yìzhí méiyǒu shíjiān.

私はずっと時間がありません。

小李刚来。

Xiǎo-Lǐ gāng lái.

李さんは来たばかりです。

请再说一遍。

Qǐng zài shuō yí biàn.

もう一度言ってください。

他又来了！

Tā yòu lái le!

彼はまた来た！

☐ 難しい	☐ 悪い	☐ 焦る
☐ 簡単だ	☐ まじめだ	☐ 礼儀正しい
☐ 易しい	☐ 一生懸命である	☐ 親切だ
☐ 面倒である	☐ 賢い	☐ うれしい

まとめて覚えよう － 時①

年・月・曜日・日

年

1980年 yī jiǔ bā líng nián	2002年 èr líng líng èr nián	2021年 èr líng èr yī nián	2038年 èr líng sān bā nián

※西暦は数字を粒読みします。

月

一月 yīyuè (1月)	二月 èryuè (2月)	三月 sānyuè (3月)	······	十二月 shí'èryuè (12月)

曜日

星期一 xīngqīyī (月曜日)	星期二 xīngqī'èr (火曜日)	星期三 xīngqīsān (水曜日)	星期四 xīngqīsì (木曜日)

星期五 xīngqīwǔ (金曜日)	星期六 xīngqīliù (土曜日)	星期天 xīngqītiān (日曜日)	星期日 xīngqīrì

※「月曜日～日曜日」は、"礼拜一 lǐbàiyī,二,三…礼拜天"、あるいは"周一 zhōuyī,二,三…周日"とも言います。

日

一号 yī hào (1日)	二号 èr hào (2日)	三号 sān hào (3日)	······	三十一号 sānshíyī hào (31日)

※話し言葉では"～号"、書き言葉では"～日 rì"を使います。

1 週目

2 週目

3 週目

4 週目

5 週目

6 週目

7 週目

方位詞
量詞 数詞

その他

キクタン中国語

5 週目

中国語で言ってみよう!

全部でいくらですか。

(答えは 410)

☐ 337 ✎個   名 **背丈**

个子
gèzi

☐ 338 ✎頭   名 **頭**
头疼 tóu téng   頭が痛い

头
tóu

☐ 339 ✎頭髪   名 **髪の毛**
长头发 cháng tóufa   長い髪の毛

头发
tóufa

☐ 340 ✎臉   ❗ 名 **顔**
洗脸 xǐ liǎn   顔を洗う

脸
liǎn

☐ 341 ✎嘴   ❗ 名 **口**
一张嘴 yì zhāng zuǐ   1 つの口

嘴
zuǐ

☐ 342   名 **手**
一只手 yì zhī shǒu   片手
一双手 yì shuāng shǒu   両手

手
shǒu

继续
▼

Check 2　　　　　　　　　　　　　　　　　　　　　　　　　⌒ 078

他个子很高。

Tā gèzi hěn gāo.

彼は背が高いです。

我头疼。

Wǒ tóu téng.

私は頭が痛いです。

他的头发很少。

Tā de tóufa hěn shǎo.

彼の髪の毛は少ないです。

我还没洗脸呢。

Wǒ hái méi xǐ liǎn ne.

私はまだ顔を洗っていません。

我嘴里很辣。

Wǒ zuǐ li hěn là.

私は口の中が辛いです。

吃饭前先洗手。

Chī fàn qián xiān xǐ shǒu.

食事前に先に手を洗いなさい。

継続
▼

Check 1　　　　　　　　　　　　　　　　🎧 029

□ 343 ✏朵

耳朵

ěrduo

名 耳

一只耳朵 yì zhī ěrduo　片方の耳

□ 344

眼睛

yǎnjing

名 目

一双眼睛 yì shuāng yǎnjing　両目

⑨ 名 **眼镜** yǎnjìng → 357

□ 345 ✏鼻

鼻子

bízi

名 鼻

高鼻子 gāo bízi　高い鼻

圃 "子" を忘れずに！

□ 346

牙

yá

❗名 歯

刷牙 shuā yá　歯を磨く

□ 347

肚子

dùzi

名 腹

拉肚子 lā dùzi　おなかを下す

□ 348

身体

shēntǐ

名 体

身体健康 shēntǐ jiànkāng　体が健康である

28日目 🎧028
Quick Review
答えは次頁

□ 正	□ 才	□ 一直
□ 正在	□ 先	□ 刚
□ 在	□ 已经	□ 再
□ 就	□ 马上	□ 又

1
週目

2
週目

3
週目

4
週目

5
週目

6
週目

7
週目

量方
詞位
数詞
詞

そ
の
他

他的耳朵很大。
Tā de ěrduo hěn dà.
彼の耳は大きいです。

她的眼睛很大。
Tā de yǎnjing hěn dà.
彼女の目は大きいです。

他的鼻子很大。
Tā de bízi hěn dà.
彼の鼻は大きいです。

牙不疼了。
Yá bù téng le.
歯は痛くなくなりました。

肚子饿了。
Dùzi è le.
おなかがすきました。

我们身体都很好。
Wǒmen shēntǐ dōu hěn hǎo.
私たちはみな体が丈夫です。

□ ちょうど～しているところだ	□ やっと	□ ずっと、まっすぐに
□ ちょうど～しているところだ	□ 先に	□ ～したばかり
□ ～している	□ もう	□ また
□ すぐに	□ すぐに	□ また

Check 1　　　　　　　　　　　　　　　🎧 030

□ 349
衣服
yīfu

名 服
一件衣服 yí jiàn yīfu　1着の服
量 件 jiàn

□ 350 ✎襯
衬衫
chènshān

名 シャツ、ブラウス
一件衬衫 yí jiàn chènshān　1枚のシャツ
量 件 jiàn

□ 351
大衣
dàyī

名 コート
穿大衣 chuān dàyī　コートを着る
量 件 jiàn

□ 352
毛衣
máoyī

名 セーター
一件毛衣 yí jiàn máoyī　1枚のセーター
量 件 jiàn

□ 353
裤子
kùzi

名 ズボン
一条裤子 yì tiáo kùzi　1本のズボン
穿裤子 chuān kùzi　ズボンを履く
量 条 tiáo

□ 354
裙子
qúnzi

名 スカート
一条裙子 yì tiáo qúnzi　1枚のスカート
量 条 tiáo

継続
▼

Check 2

我买了一件衣服。
Wǒ mǎile yí jiàn yīfu.
私は服を1着買いました。

我买两件白衬衫。
Wǒ mǎi liǎng jiàn bái chènshān.
私は白いシャツを2枚買います。

你穿大衣吧。
Nǐ chuān dàyī ba.
コートを着なさい。

这件毛衣多少钱?
Zhè jiàn máoyī duōshao qián?
このセーターはいくらですか。

那条裤子不错。
Nà tiáo kùzi búcuò.
あのズボンは悪くないです。

这条裙子真好看。
Zhè tiáo qúnzi zhēn hǎokàn.
このスカートはほんとうにきれいです。

継続
▼

Check 1 🎧 030

□ 355 ✏襪
袜子
wàzi

名 **靴下**
一双袜子 yì shuāng wàzi　1足の靴下
量 双 shuāng

□ 356
鞋
xié

名 **靴**
一双鞋 yì shuāng xié　1足の靴
量 双 shuāng

□ 357
眼镜
yǎnjìng

名 **メガネ**
戴眼镜 dài yǎnjìng　メガネをかける
関 名 眼睛 yǎnjing → 344

□ 358 ✏帽
帽子
màozi

名 **帽子**
戴帽子 dài màozi　帽子をかぶる

□ 359 ✏顔
颜色
yánsè

❗ 名 **色**

□ 360 ✏様
样子
yàngzi

名 **様子、形、格好**
看样子… kàn yàngzi …　見たところ…

29日目 🎧 029
Quick Review
答えは次頁

□ 个子　　□ 嘴　　　□ 鼻子
□ 头　　　□ 手　　　□ 牙
□ 头发　　□ 耳朵　　□ 肚子
□ 脸　　　□ 眼睛　　□ 身体

Check 2

🎧 079

1 週目

2 週目

3 週目

4 週目

5 週目

6 週目

7 週目

量詞 方位詞・数詞

その他

夏天我不穿袜子。

Xiàtiān wǒ bù chuān wàzi.

夏に私は靴下を履きません。

我回家换双鞋。

Wǒ huí jiā huàn shuāng xié.

私は家に帰ると靴を履きかえます。

我的眼镜坏了。

Wǒ de yǎnjìng huài le.

私のメガネは壊れました。

冬天我喜欢戴帽子。

Dōngtiān wǒ xǐhuan dài màozi.

冬に私は帽子をかぶるのが好きです。

你要什么颜色的?

Nǐ yào shénme yánsè de?

あなたは何色のが欲しいですか。

这件衣服的样子很好看。

Zhè jiàn yīfu de yàngzi hěn hǎokàn.

この服の形はきれいです。

☐ 背丈   ☐ 口   ☐ 鼻

☐ 頭   ☐ 手   ☐ 歯

☐ 髪の毛   ☐ 耳   ☐ 腹

☐ 顔   ☐ 目   ☐ 体

□ 361 🖊愛

爱好

àihào

名 **趣味**

我的爱好 wǒ de àihào　私の趣味

◉ 形 好 hǎo → 060

□ 362 🖊楽

音乐

yīnyuè

名 **音楽**

听音乐 tīng yīnyuè　音楽を聞く

◉ 形 快乐 kuàilè → 582

□ 363

歌

gē

名 **歌**

唱歌 chàng gē　歌を歌う

□ 364 🖊鋼琴

钢琴

gāngqín

名 **ピアノ**

一架钢琴 yí jià gāngqín　1台のピアノ

□ 365 🖊画児

画儿

huàr

名 **絵**

画画儿 huà huàr　絵を描く

量 张 zhāng

→ 動 221

□ 366

棒球

bàngqiú

名 **野球**

打棒球 dǎ bàngqiú　野球をする

继续
▼

Check 2　　　　　　　　　　　　　　　　　　　　🎧 080

你的爱好是什么？

Nǐ de àihào shì shénme?

あなたの趣味は何ですか。

你喜欢听什么音乐？

Nǐ xǐhuan tīng shénme yīnyuè?

あなたはどんな音楽を聞くのが好きですか。

你唱什么歌？

Nǐ chàng shénme gē?

あなたは何の歌を歌いますか。

我会弹钢琴。

Wǒ huì tán gāngqín.

私はピアノが弾けます。

他的画儿非常有名。

Tā de huàr fēicháng yǒumíng.

彼の絵は非常に有名です。

我喜欢打棒球。

Wǒ xǐhuan dǎ bàngqiú.

私は野球をするのが好きです。

継続
▼

Check 1　🎧 031

□ 367 ✏ 網

网球

wǎngqiú

名 テニス

打网球 dǎ wǎngqiú　テニスをする

□ 368

乒乓球

pīngpāngqiú

名 卓球

打乒乓球 dǎ pīngpāngqiú　卓球をする

□ 369

足球

zúqiú

名 サッカー

踢足球 tī zúqiú　サッカーをする

□ 370 ✏ 籃

篮球

lánqiú

名 バスケットボール

打篮球 dǎ lánqiú　バスケットボールをする

□ 371 ✏ 電

电影

diànyǐng

名 映画

看电影 kàn diànyǐng　映画を見る

□ 372 ✏ 歷

历史

lìshǐ

名 歴史

中国历史 Zhōngguó lìshǐ　中国の歴史

30日目 🎧 030
Quick Review
答えは次頁

□ 衣服	□ 裤子	□ 眼镜
□ 衬衫	□ 裙子	□ 帽子
□ 大衣	□ 袜子	□ 颜色
□ 毛衣	□ 鞋	□ 样子

我会打网球。

Wǒ huì dǎ wǎngqiú.

私はテニスができます。

我不会打乒乓球。

Wǒ bú huì dǎ pīngpāngqiú.

私は卓球ができません。

我们一起踢足球吧。

Wǒmen yìqǐ tī zúqiú ba.

一緒にサッカーをしましょう。

我喜欢打篮球，你呢?

Wǒ xǐhuan dǎ lánqiú, nǐ ne?

私はバスケットボールが好きですが、あなたは。

我们去看电影吧。

Wǒmen qù kàn diànyǐng ba.

私たちは映画を見に行きましょう。

他在大学学习历史。

Tā zài dàxué xuéxí lìshǐ.

彼は大学で歴史を学んでいます。

□ 服　　　　□ ズボン　　　□ メガネ
□ シャツ　　□ スカート　　□ 帽子
□ コート　　□ 靴下　　　　□ 色
□ セーター　□ 靴　　　　　□ 様子

144 ▶ 145

□ 373 🖊卓

桌子

zhuōzi

图**机、テーブル**
一张桌子 yì zhāng zhuōzi　1台の机
量 张 zhāng

□ 374

椅子

yǐzi

图**椅子**
一把椅子 yì bǎ yǐzi　1脚の椅子
量 把 bǎ

□ 375 🖊発

沙发

shāfā

图**ソファー**
坐在沙发上 zuòzài shāfā shang　ソファーに座る
量 张 zhāng

□ 376

床

chuáng

❗图**ベッド**
躺在床上 tǎngzài chuáng shang　ベッドに横たわる
量 张 zhāng

□ 377

毛巾

máojīn

图**タオル**
一条毛巾 yì tiáo máojīn　1枚のタオル
量 条 tiáo

□ 378 🖊氷

冰箱

bīngxiāng

图**冷蔵庫**
一台冰箱 yì tái bīngxiāng　1台の冷蔵庫

継续
▼

1週目

2週目

3週目

4週目

5週目

6週目

7週目

方位詞
量詞
数詞

その他

椅子の量詞は日本語だと1「脚」ですが、中国語では持ち手に
注目して"把"(612)です。傘(089)と同じ量詞ですね。

Check 2   🎧 081

房间里有一张桌子。

Fángjiān li yǒu yì zhāng zhuōzi.

部屋には机が1台あります。

房间里只有一把椅子。

Fángjiān li zhǐ yǒu yì bǎ yǐzi.

部屋には1脚の椅子しかありません。

这个沙发很舒服。

Zhège shāfā hěn shūfu.

このソファーは快適です。

房间里有几张床?

Fángjiān li yǒu jǐ zhāng chuáng?

部屋には何台ベッドがありますか。

请给我一条毛巾。

Qǐng gěi wǒ yì tiáo máojīn.

タオルを1枚下さい。

冰箱里有牛奶。

Bīngxiāng li yǒu niúnǎi.

冷蔵庫の中には牛乳があります。

継続
▼

Check 1　🎧 032

□ 379 ✎空調

空调

kōngtiáo

名 **エアコン**

开空调 kāi kōngtiáo　エアコンをつける

□ 380

灯

dēng

名 **明かり、電灯、ランプ**

开灯 kāi dēng　明かりをつける
关灯 guān dēng　明かりを消す

□ 381 ✎電視

电视

diànshì

名 **テレビ**

开电视 kāi diànshì　テレビをつける

□ 382 ✎電脳

电脑

diànnǎo

名 **パソコン**

打开电脑 dǎkāi diànnǎo　パソコンをたちあげる

□ 383 ✎電話

电话

diànhuà

名 **電話**

打电话 dǎ diànhuà　電話をかける

□ 384 ✎機

相机

xiàngjī

名 **カメラ**

一台相机 yì tái xiàngjī　1台のカメラ

🔁 照相机 zhàoxiàngjī
🔗 照相 zhàoxiàng（写真を撮る）→ 396

31日目　🎧 031 Quick Review 答えは次頁	□ 爱好 □ 音乐 □ 歌 □ 钢琴	□ 画儿 □ 棒球 □ 网球 □ 乒乓球	□ 足球 □ 篮球 □ 电影 □ 历史

1週目
2週目
3週目
4週目
5週目
6週目
7週目
方位詞 量詞 数詞
その他

那个教室没有空调。

Nàge jiàoshì méiyǒu kōngtiáo.

あの教室にはエアコンがありません。

这个公园晚上没有灯。

Zhège gōngyuán wǎnshang méiyǒu dēng.

この公園は夜には明かりがありません。

教室里有电视吗?

Jiàoshì li yǒu diànshì ma?

教室にはテレビがありますか。

我用电脑写作业。

Wǒ yòng diànnǎo xiě zuòyè.

私はパソコンで宿題をします。

你的电话号码是多少?

Nǐ de diànhuà hàomǎ shì duōshao?

あなたの電話番号は何番ですか。

可以用一下你的相机吗?

Kěyǐ yòng yíxià nǐ de xiàngjī ma?

あなたのカメラをちょっと使ってもいいですか。

☐ 趣味　　　　　☐ 絵　　　　　　☐ サッカー
☐ 音楽　　　　　☐ 野球　　　　　☐ バスケットボール
☐ 歌　　　　　　☐ テニス　　　　☐ 映画
☐ ピアノ　　　　☐ 卓球　　　　　☐ 歴史

動詞7

□ 385

打
dǎ

❗ 動 打つ、（電話を）かける、たたく

打电话 dǎ diànhuà　電話をかける
打伞 dǎ sǎn　傘をさす
🈯 "打" の基本動作は「打つ」だが、派生的にさまざまな用法があるので注意

□ 386

踢
tī

動 ける

踢足球 tī zúqiú　サッカーをする

□ 387

玩ﾙ
wánr

動 遊ぶ

玩儿游戏 wánr yóuxì　ゲームで遊ぶ
🈯 "玩" と書いても"wánr"と読む

□ 388

唱
chàng

動 歌う

唱歌 chàng gē　歌を歌う

□ 389 ✏弹

弹
tán

❗ 動 弾く

弹吉他 tán jítā　ギターを弾く
🈯 弦または鍵を弾く楽器に限定される
弓を使う弦楽器は "拉 lā"、トランペットなど吹く楽器は "吹 chuī"

□ 390 ✏運動

运动
yùndòng

動 運動する

喜欢运动 xǐhuan yùndòng　運動するのが好きだ
名 スポーツ

继续
▼

Check 2　🎧082

你不要打人。Nǐ búyào dǎ rén.
人をたたかないでください。

我给他打电话。Wǒ gěi tā dǎ diànhuà.
私は彼に電話をします。

你会踢足球吗?
Nǐ huì tī zúqiú ma?
あなたはサッカーができますか。

我去朋友家玩儿。
Wǒ qù péngyou jiā wánr.
私は友だちの家に遊びに行きます。

我想唱一首周杰伦的歌。
Wǒ xiǎng chàng yì shǒu Zhōu Jiélún de gē.
私はジェイ・チョウの歌を歌いたいです。

我女儿每天弹钢琴。
Wǒ nǚ'ér měi tiān tán gāngqín.
私の娘は毎日ピアノを弾きます。

他很喜欢运动。
Tā hěn xǐhuan yùndòng.
彼は運動するのがとても好きです。

継续
▼

Check 1　🎧 033

□ 391 ✏遊

游泳
yóu‸yǒng

🔲 泳ぐ

游一百米 yóu yìbǎi mǐ　100メートル泳ぐ

□ 392 ✏滑冰

滑冰
huá‸bīng

🔲 スケートをする

去滑冰 qù huábīng　スケートに行く

□ 393 ✏滑

滑雪
huá‸xuě

🔲 スキーをする

去滑雪 qù huáxuě　スキーに行く

□ 394 ✏旅遊

旅游
lǚyóu

🔲 旅行する

去旅游 qù lǚyóu　旅行に行く

🔳 旅游车 lǚyóuchē（観光バス）

□ 395 ✏旅

旅行
lǚxíng

🔲 旅行する

去旅行 qù lǚxíng　旅行に行く

🔳 "旅行"は遊びだけでなく用事の場合も含み、比較的遠いところに行く　"旅游"は遊びが主

🔳 旅行车 lǚxíngchē（ステーションワゴン）

□ 396

照相
zhào‸xiàng

🔲 写真を撮る

照一张相 zhào yì zhāng xiàng　1枚写真を撮る

🔳 拍照 pāizhào（写真を撮る）

| 32日目 🎧 032
Quick Review
答えは次頁 | □ 桌子
□ 椅子
□ 沙发
□ 床 | □ 毛巾
□ 冰箱
□ 空调
□ 灯 | □ 电视
□ 电脑
□ 电话
□ 相机 |

她不会游泳。

Tā bú huì yóuyǒng.

彼女は泳げません。

你会滑冰吗?

Nǐ huì huábīng ma?

あなたはスケートができますか。

我们每年都去滑雪。

Wǒmen měi nián dōu qù huáxuě.

私たちは毎年スキーに行きます。

我很喜欢旅游。

Wǒ hěn xǐhuan lǚyóu.

私は旅行するのがとても好きです。

我打算和朋友去旅行。

Wǒ dǎsuan hé péngyou qù lǚxíng.

私は友達と旅行に行くつもりです。

你能帮我们照相吗?

Nǐ néng bāng wǒmen zhàoxiàng ma?

(私たちの) 写真を撮ってもらえますか。

☐ 机   ☐ タオル   ☐ テレビ
☐ 椅子   ☐ 冷蔵庫   ☐ パソコン
☐ ソファー   ☐ エアコン   ☐ 電話
☐ ベッド   ☐ 明かり   ☐ カメラ

34日目 形容詞5

Check 1 🎧034

□ 397 ✎貴
贵
guì
❗ 形 （値段が）高い

□ 398
便宜
piányi
❗ 形 （値段が）安い
形 方便 fāngbiàn → 583

□ 399 ✎新
新
xīn
形 新しい
新的 xīn de　新しいの

□ 400
旧
jiù
形 古い
旧的 jiù de　古いの

□ 401 ✎軽
年轻
niánqīng
形 若い

□ 402
老
lǎo
❗ 形 年をとっている、古い
老了 lǎo le　年をとった
1字の名字の前につけ、接頭語としても使う
老张 Lǎo-Zhāng（張さん）

继续 ▼

Check 2 🎧 083

这本书有点儿贵。
Zhè běn shū yǒudiǎnr guì.
この本はちょっと高いです。

便宜点儿吧。
Piányi diǎnr ba.
ちょっと安くしてください。

我买了一本新词典。
Wǒ mǎile yì běn xīn cídiǎn.
私は新しい辞書を1冊買いました。

这是一本旧词典。
Zhè shì yì běn jiù cídiǎn.
これは1冊の古い辞書です。

她很年轻。
Tā hěn niánqīng.
彼女は若いです。

他已经老了。
Tā yǐjīng lǎo le.
彼はもう年をとりました。

继续
▼

Check 1　　　　　　　　　　　　　　　　　　　🎧 034

□ 403 ✎对

对

duì

！ 形 **正しい、そのとおりだ**

对不对？ Duì bu duì?　そうでしょ？

□ 404

行

xíng

！ 形 **よろしい**

◉ 名 **银行 yínháng → 432**

□ 405

忙

máng

形 **忙しい**

□ 406

累

lèi

形 **疲れている**

□ 407

清楚

qīngchu

！ 形 **はっきりしている**

□ 408 ✎乾浄

干净

gānjìng

形 **きれいだ、清潔だ**

33日目 🎧 033
Quick Review
答えは次頁

□ 打	□ 弹	□ 滑雪
□ 踢	□ 运动	□ 旅游
□ 玩儿	□ 游泳	□ 旅行
□ 唱	□ 滑冰	□ 照相

Check 2

🎧 083

1週目

2週目

3週目

4週目

5週目

6週目

7週目

他的话不对。

Tā de huà bú duì.

彼の話は正しくないです。

我在这儿抽烟，行吗？ —不行。

Wǒ zài zhèr chōu yān, xíng ma? —Bù xíng.

私はここでタバコを吸ってもいいですか。—ダメです。

我爸爸工作很忙。

Wǒ bàba gōngzuò hěn máng.

私の父は仕事が忙しいです。

今天我很累。

Jīntiān wǒ hěn lèi.

今日私は疲れています。

王老师写的字很清楚。

Wáng lǎoshī xiě de zì hěn qīngchu.

王先生の書く字ははっきりしています。

教室里非常干净。

Jiàoshì li fēicháng gānjìng.

教室内は非常に清潔です。

□ 打つ	□ 弾く	□ スキーをする
□ ける	□ 運動する	□ 旅行する
□ 遊ぶ	□ 泳ぐ	□ 旅行する
□ 歌う	□ スケートをする	□ 写真を撮る

Check 1　　　　　　　　　　　　　　　　　　　　　　🎧 035

□ 409 ✎塊児

一块儿

yíkuàir

副 一緒に

□ 410

一共

yígòng

副 全部で

□ 411

只

zhǐ

副 〜だけ、〜しかない
🔁 量 只 zhī → 620

□ 412

常常

chángcháng

副 しばしば、いつも、しょっちゅう
🔁 頻繁に発生することを言い、過去にも未来にも使える

□ 413 ✎経

经常

jīngcháng

副 いつも
🔁 習慣的に行うことに使う

□ 414 ✎還

还

hái

副 まだ、さらに
🔁 動 还 huán → 470

継続
▼

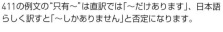

411の例文の"只有～"は直訳では「～だけあります」、日本語らしく訳すと「～しかありません」と否定になります。

Check 2

🎧 084

我们一块儿去吧。

Wǒmen yíkuàir qù ba.

私たちは一緒に行きましょう。

一共多少钱?

Yígòng duōshao qián?

全部でいくらですか。

房间里只有一个人。

Fángjiān li zhǐ yǒu yí ge rén.

部屋には1人だけしかいません。

我常常看电影。

Wǒ chángcháng kàn diànyǐng.

私はしょっちゅう映画を見ます。

我经常去外国旅游。

Wǒ jīngcháng qù wàiguó lǚyóu.

私はよく外国に旅行に行きます。

我还想吃。

Wǒ hái xiǎng chī.

私はまだ食べたいです。

継続
▼

1 週目

2 週目

3 週目

4 週目

5 週目

6 週目

7 週目

方位詞 量詞 数詞

その他

□ 415 ✏️還

还是

háishi

副 やはり
接 → 252

□ 416 ✏️別

别

bié

❗ 副 〜するな、〜してはいけない
⇆ 不要
📖 北京では"不要"より常用される

□ 417

不要

búyào

❗ 副 〜してはいけない、〜するな
⇆ 别 bié
📖 禁止の意味になる

□ 418

不用

búyòng

副 〜するには及ばない

□ 419

一定

yídìng

❗ 副 きっと

□ 420

当然

dāngrán

副 もちろん

| 34日目 🎧 034 Quick Review 答えは次頁 | □ 貴 □ 便宜 □ 新 □ 旧 | □ 年軽 □ 老 □ 対 □ 行 | □ 忙 □ 累 □ 清楚 □ 干浄 |

Check 2

🎧 084

1週目
2週目
3週目
4週目
5週目
6週目
7週目
方位詞 量詞 数詞
その他

还是买吧。
Háishi mǎi ba.
やはり買いましょう。

别笑了。
Bié xiào le.
笑わないで。

请不要抽烟。
Qǐng búyào chōu yān.
タバコを吸ってはいけません。

不用谢。
Búyòng xiè.
礼には及びません。

请一定来。
Qǐng yídìng lái.
必ず来てください。

这件事他当然知道。
Zhè jiàn shì tā dāngrán zhīdao.
この事を彼はもちろん知っています。

☐ (値段が)高い ☐ 若い ☐ 忙しい
☐ (値段が)安い ☐ 年をとっている ☐ 疲れている
☐ 新しい ☐ 正しい ☐ はっきりしている
☐ 古い ☐ よろしい ☐ きれいだ

まとめて覚えよう － 時②

現在・過去・未来

年

前年	去年	今年	明年	后年
qiánnián	qùnián	jīnnián	míngnián	hòunián
（おととし）	（去年）	（今年）	（来年）	（再来年）

月

上个月	这个月	下个月
shàng ge yuè	zhè ge yuè	xià ge yuè
（先月）	（今月）	（来月）

週

上(个)星期	这(个)星期	下(个)星期
shàng (ge) xīngqī	zhè (ge) xīngqī	xià (ge) xīngqī
（先週）	（今週）	（来週）

※上(个)星期二 shàng（ge）xīngqī'èr（先週の火曜日）
　下(个)星期四 xià（ge）xīngqīsì（来週の木曜日）

日

大前天	前天	昨天
dàqiántiān	qiántiān	zuótiān
（さきおととい）	（おととい）	（昨日）

今天	明天	后天	大后天
jīntiān	míngtiān	hòutiān	dàhòutiān
（今日）	（明日）	（あさって）	（しあさって）

※〜日前は"〜天前"、〜日後は"〜天后"を使って、"四天前" sì tiān qián（4日前）、
　"四天后" sì tiān hòu（4日後）と言います。

キクタン中国語
6 週目

✓ 学習したらチェック!

中国語で言ってみよう!

お誕生日おめでとう!

（答えは 480）

□ 421
中国
Zhōngguó

名 中国
中国人 Zhōngguórén　中国人
中国电影 Zhōngguó diànyǐng　中国映画
固有名詞のピンインの最初の文字は大文字

□ 422
日本
Rìběn

名 日本
日本人 Rìběnrén　日本人
日本菜 Rìběn cài　日本料理

□ 423
外国
wàiguó

名 外国
外国人 wàiguórén　外国人
外国留学生 wàiguó liúxuéshēng　外国人留学生

□ 424
世界
shìjiè

名 世界
世界地图 shìjiè dìtú　世界地図

□ 425
地方
dìfang

❗ 名 場所
什么地方 shénme dìfang　どこ
"dìfāng" と発音すると、"中央 zhōngyāng"
に対する「地方」の意味になる

□ 426
街
jiē

❗ 名 通り、街
上街 shàng jiē　街に行く

継続 ▼

"我爸爸"（私の父）"中国菜"（中国の料理）のように単語同士の結びつきか強い場合は、"的"は不要です。

Check 2

他想去中国旅游。
Tā xiǎng qù Zhōngguó lǚyóu.
彼は中国に旅行に行きたいです。

我没去过日本。
Wǒ méi qùguo Rìběn.
私は日本に行ったことがありません。

我还没去过外国。
Wǒ hái méi qùguo wàiguó.
私はまだ外国に行ったことがありません。

教室里有一张世界地图。
Jiàoshì li yǒu yì zhāng shìjiè dìtú.
教室に1枚の世界地図があります。

你在什么地方？
Nǐ zài shénme dìfang?
あなたはどこにいますか。

这条街上有很多饭馆。
Zhè tiáo jiē shang yǒu hěn duō fànguǎn.
この通りにはたくさんのレストランがあります。

継续
▼

□ 427
路
lù

名 道、道路
一条路 yì tiáo lù　1本の道
量 条 tiáo
関 马路 mǎlù（大通り）

□ 428 ✎橋
桥
qiáo

名 橋
过桥 guò qiáo　橋を渡る
量 座 zuò

□ 429
公司
gōngsī

名 会社
本公司 běn gōngsī　本社
分公司 fēn gōngsī　支社
量 家 jiā

□ 430 ✎園
公园
gōngyuán

名 公園
去公园 qù gōngyuán　公園に行く

□ 431
医院
yīyuàn

❗ 名 病院
去医院 qù yīyuàn　病院に行く
注 日本語では病院と医院を規模によって使い分けるが、中国語は規模に関わらず全て"**医院**"となる

□ 432 ✎銀
银行
yínháng

名 銀行
中国银行 Zhōngguó yínháng　中国銀行
◎ 形 行 xíng → 404

35日目 🎧 035
Quick Review
答えは次頁

□ 一块儿　□ 经常　□ 不要
□ 一共　□ 还　□ 不用
□ 只　□ 还是　□ 一定
□ 常常　□ 别　□ 当然

1 週目

2 週目

3 週目

4 週目

5 週目

6 週目

7 週目

方位詞 量詞 数詞

その他

这两条路都可以到那里。

Zhè liǎng tiáo lù dōu kěyǐ dào nàli.

この2つの道はどちらもそこに着きます。

公园里有一座桥。

Gōngyuán li yǒu yí zuò qiáo.

公園に橋が1つあります。

你们公司在哪儿?

Nǐmen gōngsī zài nǎr?

あなたたちの会社はどこにありますか。

我每天在公园散步。

Wǒ měi tiān zài gōngyuán sànbù.

私は毎日公園を散歩します。

上午我要去医院。

Shàngwǔ wǒ yào qù yīyuàn.

午前中に私は病院に行かないといけません。

银行在哪儿?

Yínháng zài nǎr?

銀行はどこにありますか。

□ 一緒に	□ いつも	□ ～してはいけない
□ 全部で	□ まだs	□ ～するには及ばない
□ ～だけ	□ やはり	□ きっと
□ しばしば	□ ～するな、～してはいけない	□ もちろん

Check 1　　　　　　　　　　　　　　　　　　　　🎧 037

□ 433 ✐郵

邮局

yóujú

名 **郵便局**

去邮局 qù yóujú　郵便局に行く
量 家 jiā

□ 434 ✐飯

饭店

fàndiàn

名 **ホテル、レストラン**

北京饭店 Běijīng fàndiàn　北京飯店 [ホテル名]
同 宾馆 bīnguǎn（ホテル）
同 饭馆 fànguǎn（レストラン）
量 家 jiā

□ 435 ✐商

商店

shāngdiàn

名 **商店**

逛商店 guàng shāngdiàn　店を見て回る
量 家 jiā

□ 436 ✐書

书店

shūdiàn

名 **書店**

去书店 qù shūdiàn　書店に行く
量 家 jiā

□ 437

食堂

shítáng

名 **食堂**

去食堂 qù shítáng　食堂に行く

□ 438 ✐庁

餐厅

cāntīng

名 **レストラン**

去餐厅 qù cāntīng　レストランに行く
同 饭馆 fànguǎn
量 家 jiā

继続
▼

"饭店"(434)なのにホテル、郵便局は"邮局"(433)、映画館は"电影院"(444)。全然違ったり、微妙に違ったり……。

Check 2 ∩ 086

我去邮局寄一封信。

Wǒ qù yóujú jì yì fēng xìn.

私は手紙を出しに郵便局に行きます。

我在一家饭店打工。

Wǒ zài yì jiā fàndiàn dǎgōng.

私はホテルでアルバイトをしています。

我下午去商店买东西。

Wǒ xiàwǔ qù shāngdiàn mǎi dōngxi.

私は午後店に買い物に行きます。

我在书店买杂志。

Wǒ zài shūdiàn mǎi zázhì.

私は本屋で雑誌を買います。

我在食堂吃午饭。

Wǒ zài shítáng chī wǔfàn.

私は食堂で昼食を食べます。

这附近有好吃的餐厅吗?

Zhè fùjìn yǒu hǎochī de cāntīng ma?

この近くにおいしいレストランはありますか。

继续
▼

1週目

2週目

3週目

4週目

5週目

6週目

7週目

方位詞
量詞
数詞

その他

□ 439
便利店
biànlìdiàn
🈁 **コンビニ**
去便利店 qù biànlìdiàn　コンビニに行く

□ 440 🖊舎
宿舍
sùshè
🈁 **宿舎**
学生宿舍 xuéshēng sùshè　学生寮

□ 441 🖊図書館
图书馆
túshūguǎn
🈁 **図書館**
去图书馆 qù túshūguǎn　図書館に行く
🈑 座 zuò

□ 442
超市
chāoshì
🈁 **スーパーマーケット**
去超市 qù chāoshì　スーパーに行く
🈑 "超级市场 chāojí shìchǎng" の略語

□ 443 🖊動園
动物园
dòngwùyuán
🈁 **動物園**
北京动物园 Běijīng dòngwùyuán　北京動物園

□ 444 🖊電影
电影院
diànyǐngyuàn
🈁 **映画館**
去电影院 qù diànyǐngyuàn　映画館に行く

| 36日目 🎧036 Quick Review 答えは次頁 | □ 中国 □ 日本 □ 外国 □ 世界 | □ 地方 □ 街 □ 路 □ 桥 | □ 公司 □ 公园 □ 医院 □ 银行 |

Check 2　　　　　　　　　　　　　　🎧 086

1週目
2週目
3週目
4週目
5週目
6週目
7週目

方位詞・量詞・数詞

その他

可以在便利店买水。

Kěyǐ zài biànlìdiàn mǎi shuǐ.

コンビニで水を買えます。

学生宿舍在哪里？

Xuéshēng sùshè zài nǎli?

学生寮はどこですか。

高桥在图书馆看书呢。

Gāoqiáo zài túshūguǎn kàn shū ne.

高橋さんは図書館で本を読んでいます。

我去超市买东西。

Wǒ qù chāoshì mǎi dōngxi.

私はスーパーマーケットに買い物に行きます。

你去过上野动物园吗？

Nǐ qùguo Shàngyě dòngwùyuán ma?

あなたは上野動物園に行ったことがありますか。

我们在电影院门口见吧。

Wǒmen zài diànyǐngyuàn ménkǒu jiàn ba.

私たちは映画館の入口で会いましょう。

□ 中国	□ 場所	□ 会社
□ 日本	□ 通り	□ 公園
□ 外国	□ 道	□ 病院
□ 世界	□ 橋	□ 銀行

□ 445

家
jiā

名 家
在家 zài jiā　家にいる
→ 量 622

□ 446 🖉房

房子
fángzi

名 家、家屋
买房子 mǎi fángzi　家を買う

□ 447 🖉房間

房间
fángjiān

名 部屋
一个房间 yí ge fángjiān　1 つの部屋
⇆ 屋子 wūzi

□ 448 🖉厠所

厕所
cèsuǒ

名 トイレ、便所
上厕所 shàng cèsuǒ　トイレに行く
⇆ 洗手间 xǐshǒujiān

□ 449 🖉間

洗手间
xǐshǒujiān

名 お手洗い、トイレ
去洗手间 qù xǐshǒujiān　お手洗いに行く
⇆ 厕所 cèsuǒ、盥洗室 guànxǐshì

□ 450 🖉電

电梯
diàntī

名 エレベーター

继续
▼

「トイレ」は旅行の際の重要単語ですね。トイレの場所の聞き方はしっかり覚えておきましょう。

Check 2　🎧 087

我家在车站附近。
Wǒ jiā zài chēzhàn fùjìn.
私の家は駅の近くです。

这是我自己的房子。
Zhè shì wǒ zìjǐ de fángzi.
これは私自身の家です。

这里有几个房间?
Zhèli yǒu jǐ ge fángjiān?
ここは何部屋ありますか。

请问，哪里有厕所?
Qǐngwèn, nǎli yǒu cèsuǒ?
すみません、どこにトイレがありますか。

请问，洗手间在哪里?
Qǐngwèn, xǐshǒujiān zài nǎli?
すみません、お手洗いはどこにありますか。

请坐电梯到五楼。
Qǐng zuò diàntī dào wǔ lóu.
エレベーターで5階まで行ってください。

継続
▼

Check 1　　　　　　　　　　　　　　　🎧 038

□ 451 🖊門
门
mén

图 **ドア、門**
进门 jìn mén　玄関に入る（家に入る）
量 学科を数える：**五门课 wǔ mén kè**（5 科目）

□ 452 🖊墙
墙
qiáng

图 **壁**
防火墙 fánghuǒqiáng　防火壁

□ 453 🖊門
门口
ménkǒu

图 **入り口**
大学门口 dàxué ménkǒu　大学の入り口

□ 454 🖊窗戶
窗户
chuānghu

图 **窓**
开窗户 kāi chuānghu　窓を開ける
关窗户 guān chuānghu　窓を閉める

□ 455
附近
fùjìn

图 **近く、付近**
我家附近 wǒ jiā fùjìn　私の家の近く

□ 456 🖊对
对面
duìmiàn

图 **向かい、向かい側、真正面**
邮局对面 yóujú duìmiàn　郵便局の向かい
对面的邮局 duìmiàn de yóujú　向かいの郵便局

37日目 🎧 038
Quick Review
答えは次頁
□ 邮局　　　　□ 食堂　　　　□ 图书馆
□ 饭店　　　　□ 餐厅　　　　□ 超市
□ 商店　　　　□ 便利店　　　□ 动物园
□ 书店　　　　□ 宿舍　　　　□ 电影院

请开门。
Qǐng kāi mén.
ドアを開けてください。

墙上挂着一张画儿。
Qiáng shang guàzhe yì zhāng huàr.
壁に1枚の絵が掛かっています。

我在门口等你。
Wǒ zài ménkǒu děng nǐ.
私は入り口であなたを待ちます。

这个房间没有窗户。
Zhège fángjiān méiyǒu chuānghu.
この部屋には窓がありません。

他家附近有一所大学。
Tā jiā fùjìn yǒu yì suǒ dàxué.
彼の家の近くに大学があります。

我家的对面有一个公园。
Wǒ jiā de duìmiàn yǒu yí ge gōngyuán.
私の家の向かいには公園があります。

☐ 郵便局　　　　　☐ 食堂　　　　　　☐ 図書館
☐ ホテル　　　　　☐ レストラン　　　☐ スーパーマーケット
☐ 商店　　　　　　☐ コンビニ　　　　☐ 動物園
☐ 書店　　　　　　☐ 宿舎　　　　　　☐ 映画館

□ 457

放

fàng

❗ 動 置く、入れる
放东西 fàng dōngxi　物を置く
放糖 fàng táng　砂糖を入れる
慣 "暑假"（夏休み）などを目的語にとり、休みをとる、休みになるという意味もある

□ 458 🖊包

包

bāo

動 包む
包饺子 bāo jiǎozi　ギョウザを作る
→ 名 091

□ 459

拿

ná

動（手に）持つ
慣 中国語の「持つ」は持ち方によって動詞をさまざまに使い分ける
有 yǒu（所有する）、拿 ná（手に持つ）、带 dài（身に着ける）

□ 460 🖊開

开

kāi

動 開ける、（電源を）入れる、運転する
开门 kāi mén　ドアを開ける、開店する
开车 kāi chē　車を運転する
関 开关 kāiguān（スイッチ）

□ 461 🖊関

关

guān

動 閉める、（電源を）消す
关门 guān mén　ドアを閉める、閉店する
関 关机 guānjī（電源を切る）

□ 462 🖊掛

挂

guà

動 掛ける、電話を切る
挂衣服 guà yīfu　服を掛ける

继续
▼

"点菜"、"点歌"、"点名"は一見、全く関連性がないように見えますが、リストを指さすという動作が共通しています。

1 週目

2 週目

3 週目

4 週目

5 週目

6 週目

7 週目

量詞 方位詞 数詞

その他

Check 2 🎧 088

我的词典放哪儿了?
Wǒ de cídiǎn fàng nǎr le?
私の辞書、どこに置いたかな?

请包一下。
Qǐng bāo yíxià.
ちょっと包んでください。

田中拿着一本汉语书。
Tiánzhōng názhe yì běn Hànyǔshū.
田中さんは中国語の本を1冊手に持っています。

窗户都开着。Chuānghu dōu kāizhe.
窓はすべて開いています。

你会开车吗? Nǐ huì kāi chē ma?
車を運転できますか。

我关窗户了。Wǒ guān chuānghu le.
私は窓を閉めました。

请关灯。Qǐng guān dēng.
明かりを消してください。

墙上挂着很多画儿。
Qiáng shang guàzhe hěn duō huàr.
壁にたくさんの絵が掛かっています。

继续
▼

Check 1　🎧 039

□ 463
点
diǎn

動（リストやメニューから）注文する、指定する
点名 diǎn∨míng　点呼する
点歌 diǎn gē　（カラオケで）歌をリクエストする

□ 464
付
fù

動（お金を）支払う
付钱 fù qián　お金を払う

□ 465 ✏换
换
huàn

動換える、交換する
换钱 huàn∨qián　両替する
换衣服 huàn yīfu　服を着替える

□ 466
做
zuò

動する、作る
做菜 zuò cài　料理を作る

□ 467 ✏干
干
gàn

！動する
用 "做" より口語的で、やや頑張ってするという意味で使われ、する内容は仕事や活動に限定される

□ 468 ✏办
办
bàn

動する、処理する
办手续 bàn shǒuxù　手続きをする

38日目 🎧038
Quick Review
答えは次頁

□ 家　□ 洗手间　□ 门口
□ 房子　□ 电梯　□ 窗户
□ 房间　□ 门　□ 附近
□ 厕所　□ 墙　□ 对面

你点菜吧。

Nǐ diǎn cài ba.

あなたが注文してください。

我付钱。

Wǒ fù qián.

私がお金を払います。

去前门在北京站换车。

Qù Qiánmén zài Běijīng zhàn huàn chē.

前門に行くには北京駅で乗り換えます。

你星期天想做什么? Nǐ xīngqītiān xiǎng zuò shénme?

あなたは日曜日に何をしたいですか。

你会做饭吗? Nǐ huì zuò fàn ma?

あなたは料理ができますか。

你在干什么呢?

Nǐ zài gàn shénme ne?

あなたは何をしているのですか。

这件事怎么办?

Zhè jiàn shì zěnme bàn?

この事はどうしましょうか。

□ 家	□ お手洗い	□ 入り口
□ 家	□ エレベーター	□ 窓
□ 部屋	□ ドア	□ 近く
□ トイレ	□ 壁	□ 向かい

40日目　動詞9

❗動 借りる、貸す
借钱 jiè qián　お金を借りる
📖 借りる、貸すのどちらの意味かは、文脈で判断する
借给 AB jiè gěi AB（A に B を貸す）
跟 A 借 B gēn A jiè B（A に B を借りる）

□ 470 🖊还
还
huán

動 返す
还钱 huán qián　お金を返す
😊 副 还 hái → 414

□ 471 🖊收
收
shōu

動 受け取る、収める
收钱 shōu qián　お金を集める
收信 shōu xìn　手紙を受け取る

□ 472 🖊给
给
gěi

動 あげる、やる、くれる
给钱 gěi qián　お金をあげる
📖 give と take 両方の意味を持つ

□ 473
送
sòng

❗動 贈る、プレゼントする、見送る
送礼物 sòng lǐwù　プレゼントを贈る

□ 474
接
jiē

❗動 迎える、受け取る
接电话 jiē diànhuà　電話を受ける

继续
▼

"借"（469）（貸す・借りる）や"上课"（294）（授業をする・授業を受ける）は話し手の立場によって意味が変わります。

Check 2 ∩ 089

我跟朋友借词典。

Wǒ gēn péngyou jiè cídiǎn.

私は友達に辞書を借ります。

我忘记还朋友钱了。

Wǒ wàngjì huán péngyou qián le.

私は友達にお金を返すのを忘れました。

老师收作业了吗?

Lǎoshī shōu zuòyè le ma?

先生は宿題を集めましたか。

老师给了我一本词典。

Lǎoshī gěile wǒ yì běn cídiǎn.

先生は私に1冊の辞書を下さいました。

我送他一本书。 Wǒ sòng tā yì běn shū.

私は彼に本を1冊贈ります。

我下午去机场送朋友。Wǒ xiàwǔ qù jīchǎng sòng péngyou.

私は午後空港に友達を見送りに行きます。

他去车站接朋友了。

Tā qù chēzhàn jiē péngyou le.

彼は駅に友達を迎えに行きました。

继続

▼

1 週目

2 週目

3 週目

4 週目

5 週目

6 週目

7 週目

方位詞 量詞 数詞

その他

Check 1 🎧 040

□ 475 ✏ 発

发
fā

🔲 **（メールなどを）出す、発送する**
发 e-mail fā e-mail　メールを送る
☺🔲 **理发** lǐˇfà（散髪する）

□ 476

寄
jì

🔲 郵送する
寄信 jì xìn　手紙を出す

□ 477

回信
huíˇxìn

🔲 返信する

□ 478 ✏ 歓

欢迎
huānyíng

🔲 歓迎する
欢迎光临 huānyíng guānglín　いらっしゃいませ

□ 479 ✏ 請

请
qǐng

🔲 どうぞ～してください、お願いする、招く
请进。 Qǐng jìn.　お入りください。

□ 480

祝
zhù

🔲 祈る、願う

| 39日目 🎧 039 Quick Review 答えは次頁 | □ 放 □ 包 □ 拿 □ 开 | □ 关 □ 挂 □ 点 □ 付 | □ 换 □ 做 □ 干 □ 办 |

1
週目

2
週目

3
週目

4
週目

5
週目

**6
週目**

7
週目

方位詞
量詞・数詞

その他

我给他发一个短信。
Wǒ gěi tā fā yí ge duǎnxìn.
私は彼にショートメールを送ります。

我要寄一封信。
Wǒ yào jì yì fēng xìn.
私は手紙を 1 通出さないといけません。

他还没有给我回信。
Tā hái méiyou gěi wǒ huíxìn.
彼はまだ私に返信をしていません。

欢迎欢迎！
Huānyíng huānyíng!
ようこそ！

请坐。
Qǐng zuò.
お掛けください。

祝你生日快乐！
Zhù nǐ shēngrì kuàilè!
お誕生日おめでとう！

□ 置く	□ 閉める	□ 換える
□ 包む	□ 掛ける	□ する
□ (手に)持つ	□ 注文する	□ する
□ 開ける	□ (お金を)支払う	□ する

Check 1　　　　　　　　　　　　　　　　　　　　　🎧 041

□ 481 ✐穿

穿

chuān

動 **着る、履く**
穿衣服 chuān yīfu　服を着る
穿鞋 chuān xié　靴を履く

□ 482

戴

dài

動 **身に着ける、かぶる**
戴眼镜 dài yǎnjìng　メガネをかける

□ 483 ✐带

带

dài

動 **携帯する、持つ、連れる**
带钱 dài qián　お金を持つ

□ 484

用

yòng

動 **用いる、使う**
用筷子 yòng kuàizi　箸を使う
→前 572

□ 485 ✐花

花

huā

❗動 **（金、時間などを）使う**
花钱 huā qián　お金を使う
◎名 花儿 huār → 505

□ 486

完

wán

動 **終わる**

継続
▼

1 週目

2 週目

3 週目

4 週目

5 週目

6 週目

7 週目

量詞・数詞 方位詞

その他

日本語の「花」から「使う」という中国語の意味は全く想像が
つかないですね!

Check 2　　　　　　　　　　　　　　　　🎧 090

他穿了一件 T 恤。
Tā chuānle yí jiàn Txù.
彼はTシャツを着ました。

他不戴眼镜。
Tā bú dài yǎnjìng.
彼はメガネをかけていません。

我没带钱。 Wǒ méi dài qián.
私はお金を持っていません。

我带你去吧。 Wǒ dài nǐ qù ba.
私が連れて行きましょう。

可以用一下你的电脑吗?
Kěyǐ yòng yíxià nǐ de diànnǎo ma?
あなたのパソコンをちょっと使ってもいいですか。

今天花了很多钱。
Jīntiān huāle hěn duō qián.
今日はたくさんお金を使いました。

今天的工作完了。
Jīntiān de gōngzuò wán le.
今日の仕事は終わりました。

継続
▼

Check 1　　　　　　　　　　　　　　　　　　　　🎧041

□ 487 ✒訴
告诉
gàosu

❗動 告げる、教える、知らせる、言う
📖 "告诉"は話す相手が必ず必要で、"告诉"+話す相手+話す内容 の語順になる

□ 488 ✒商
商量
shāngliang

動 相談する
商量一下 shāngliang yíxià　ちょっと相談する

□ 489
工作
gōngzuò

❗動 仕事をする、働く
工作单位 gōngzuò dānwèi　勤務先
名 仕事

□ 490
打工
dǎ▼gōng

動 アルバイトをする、働く
打什么工 dǎ shénme gōng　どんなバイトをする

□ 491 ✒观
参观
cānguān

動 見学する
参观博物馆 cānguān bówùguǎn　博物館を見学
する

□ 492
参加
cānjiā

動 参加する
参加工作 cānjiā gōngzuò　就職する

40日目 🎧040 Quick Review 答えは次頁	□ 借	□ 送	□ 回信
	□ 还	□ 接	□ 欢迎
	□ 收	□ 发	□ 请
	□ 给	□ 寄	□ 祝

他没告诉我他叫什么。

Tā méi gàosu wǒ tā jiào shénme.

彼は何という名前か私に教えてくれなかった。

商量一下吧。

Shāngliang yíxià ba.

ちょっと相談しましょう。

我和他一起工作。

Wǒ hé tā yìqǐ gōngzuò.

私は彼と一緒に仕事をしています。

你打工吗?

Nǐ dǎgōng ma?

アルバイトをしていますか。

我们下午参观机场。

Wǒmen xiàwǔ cānguān jīchǎng.

私たちは午後、空港を見学します。

我们明天参加会议。

Wǒmen míngtiān cānjiā huìyì.

私たちは明日会議に参加します。

☐ 借りる	☐ 贈る	☐ 返信する
☐ 返す	☐ 迎える	☐ 歓迎する
☐ 受け取る	☐ (メールなどを)出す	☐ どうぞ～してください
☐ あげる	☐ 郵送する	☐ 祈る

Check 1	🎧 042

□ 493 ✎差

差不多

chàbuduō

形 **大体同じだ、差がない**

□ 494

有意思

yǒu yìsi

形 **おもしろい**

□ 495 ✎红

红

hóng

❗ 形 **赤い**
🈲 色を表す単語の日本語との表記のずれに注意
関 名 **红色 hóngsè**（赤色）

□ 496

黄

huáng

形 **黄色い**
関 名 **黄色 huángsè**（黄色）

□ 497 ✎藍

蓝

lán

形 **青い**
関 名 **蓝色 lánsè**（青色）

□ 498

白

bái

形 **白い**
関 名 **白色 báisè**（白色）

継続
▼

中国では赤色はめでたい色です。"红底黄字"（赤地に黄色い
文字）の横断幕が多いです。

Check 2   ∩ 091

这件毛衣的颜色跟那件差不多。

Zhè jiàn máoyī de yánsè gēn nà jiàn chàbuduō.

このセーターの色はあれと大体同じです。

他的话真有意思。

Tā de huà zhēn yǒu yìsi.

彼の話はほんとうにおもしろいです。

她脸红了。

Tā liǎn hóng le.

彼女は顔を赤らめました。

我不喜欢黄色。

Wǒ bù xǐhuan huángsè.

私は黄色が好きではありません。

天很蓝。

Tiān hěn lán.

空は真っ青です。

雪是白色的。

Xuě shì báisè de.

雪は白いです。

継续
▼

Check 1　　　　　　　　　　　　　　　　　　　　🎧 042

□ 499 ✏黑

黑

hēi

❶ 形 黒い、暗い
関 名 黑色 hēisè（黒色）

□ 500 ✏這

这里

zhèli

代 ここ
⇨ 这儿 zhèr

□ 501

那里

nàli

代 そこ、あそこ
⇨ 那儿 nàr

□ 502

哪里

nǎli

代 どこ
⇨ 哪儿 nǎr
📖 "哪里,哪里。" Nǎli,nǎli. とすると「どういたしまして」という意味になり、ピンイン表記は第3声＋軽声だが、実際は声調変化し、第2声＋軽声となる

□ 503 ✏這麼

这么

zhème

代 このように

□ 504 ✏麼

那么

nàme

代 そのように

| 41日目 🎧041
Quick Review
答えは次頁 | □ 穿
□ 戴
□ 带
□ 用 | □ 花
□ 完
□ 告诉
□ 商量 | □ 工作
□ 打工
□ 参观
□ 参加 |

我喜欢黑毛衣。 Wǒ xǐhuan hēi máoyī.
私は黒いセーターが好きです。

天已经黑了。 Tiān yǐjīng hēi le.
空はもう暗くなりました。

这里没有邮局。
Zhèli méiyǒu yóujú.
ここには郵便局はありません。

那里是一个公园。
Nàli shì yí ge gōngyuán.
そこは公園です。

你在哪里?
Nǐ zài nǎli?
あなたはどこにいるのですか。

今天怎么这么热啊?
Jīntiān zěnme zhème rè a?
今日はどうしてこんなにも暑いのですか。

怎么那么远啊?
Zěnme nàme yuǎn a?
どうしてそんなに遠いのですか。

□ 着る   □ (金、時間などを)使う   □ 仕事をする
□ 身に着ける   □ 終わる   □ アルバイトをする
□ 携帯する   □ 告げる   □ 見学する
□ 用いる   □ 相談する   □ 参加する

まとめて覚えよう － 時③

時間帯・時刻

時間帯

夜里 yèli (夜中)	白天 báitiān (日中)					夜里 yèli (夜中)
	6時	9時	12時	13時	17時	18時
凌晨 língchén (夜半から 明け方)	早上/早晨 zǎoshang／ zǎochen (朝)	上午 shàngwǔ (午前)	中午 zhōngwǔ (正午)	下午 xiàwǔ (午後)	傍晚 bàngwǎn (夕方)	晚上 wǎnshang (夜)

時刻

一点 yī diǎn (1時)	两点 liǎng diǎn (2時)	三点 sān diǎn 3時	……	十二点 shí'èr diǎn (12時)
零一分 líng yī fēn (1分)	十分 shí fēn (10分)	二十五分 èrshiwǔ fēn (25分)	四十八分 sìshíbā fēn (48分)	……	六十分 liùshí fēn (60分)

02:02	两点零二分	liǎng diǎn líng èr fēn	02:38	两点三十八分	liǎng diǎn sānshíbā fēn
02:15	两点十五分	liǎng diǎn shíwǔ fēn	02:57	两点五十七分	liǎng diǎn wǔshiqī fēn
	两点一刻	liǎng diǎn yí kè	02:58	差两分三点	chà liǎng fēn sān diǎn
02:30	两点三十分	liǎng diǎn sānshí fēn			
	两点半	liǎng diǎn bàn			

※1～9分は"零 líng"をつけます。
※2時は"二点"ではなく"两点 liǎng diǎn"、2分は"两分"ではなく零二分 líng èr fēn"。
※"一点"はyī diǎn、yì diǎnのいずれで発音してもかまいません。
※"～分"という以外に、15分刻みに"一刻 yí kè"(15分)、"半 bàn"(30分)、"三刻 sān kè"(45分)という言い方もあります。
※"差～分…点"／"…点差～分"(「～時に…分足りない」＝～時…分前)は、おおむね10分前まで使えます。

1 週目

2 週目

3 週目

4 週目

5 週目

6 週目

7 週目

方位詞 量詞・数詞

その他

キクタン中国語

7 週目

中国語で言ってみよう！

私は仕事を探しています。

（答えは 559）

□ 505 ✎花

花ル

huār

名花

开花ル kāi huār　花が咲く

量枝 zhī

😊動 huā → 485

□ 506 ✎樹

树

shù

名木

樱花树 yīnghuāshù　サクラの木

□ 507

山

shān

名山

爬山 pá shān　山に登る

量座 zuò

□ 508 ✎海

海

hǎi

名海

海边 hǎibian　海辺

□ 509

河

hé

名川

一条河 yì tiáo hé　1本の川

量条 tiáo

□ 510 ✎風

风

fēng

名風

刮风 guā fēng　風が吹く

继续
▼

中国の"天气预报"（天気予報）を見て明日の天気が分かった
ら、あなたの中国語はなかなかのものです。

Check 2　　　　　　　　　　　　　　　　　　　　🎧 092

公园的花儿都开了。

Gōngyuán de huār dōu kāi le.

公園の花がみな咲きました。

这里有很多樱花树。

Zhèli yǒu hěn duō yīnghuāshù.

ここにはたくさんのサクラの木があります。

这里有很多山。

Zhèli yǒu hěn duō shān.

ここにはたくさんの山があります。

我还没看见过海。

Wǒ hái méi kànjiànguo hǎi.

私はまだ海を見たことがありません。

公园后边有一条河。

Gōngyuán hòubian yǒu yì tiáo hé.

公園の後ろに川があります。

今天风很大。

Jīntiān fēng hěn dà.

今日は風が強いです。

継続
▼

Check 1　🎧 043

□ 511

雨
yǔ

名 雨
下雨 xià yǔ　雨が降る
類 名 鱼 yú → 183

□ 512

雪
xuě

名 雪
下雪 xià xuě　雪が降る

□ 513 ✏雲

云
yún

❗名 雲
下午多云 xiàwǔ duōyún　午後は曇り

□ 514 ✏天気

天气
tiānqì

名 天気
天气很好 tiānqì hěn hǎo　天気がよい

□ 515 ✏陽

太阳
tàiyang

名 太陽
出太阳 chū tàiyang　太陽が出る

□ 516 ✏亮

月亮
yuèliang

名 月
看月亮 kàn yuèliang　月を見る

42日目 🎧042
Quick Review
答えは次頁

□ 差不多　□ 蓝　□ 那里
□ 有意思　□ 白　□ 哪里
□ 红　□ 黑　□ 这么
□ 黄　□ 这里　□ 那么

1週目 2週目 3週目 4週目 5週目 6週目 7週目

Check 2

下雨了。
Xià yǔ le.
雨が降ってきました。

明天可能会下雪。
Míngtiān kěnéng huì xià xuě.
明日は雪が降るかもしれません。

明天的天气是多云，有小雨。
Míngtiān de tiānqì shì duōyún, yǒu xiǎoyǔ.
明日の天気は曇りで、小雨が降ります。

明天天气怎么样?
Míngtiān tiānqì zěnmeyàng?
明日天気はどうですか。

今天没有太阳。
Jīntiān méiyǒu tàiyang.
今日は太陽が出ていません。

今天晚上的月亮很大。
Jīntiān wǎnshang de yuèliang hěn dà.
今晩の月は大きいです。

量詞 方位詞 数詞 / その他

□ 大体同じだ　　□ 青い　　□ そこ
□ おもしろい　　□ 白い　　□ どこ
□ 赤い　　□ 黒い　　□ このように
□ 黄色い　　□ ここ　　□ そのように

Check 1　　　　　　　　　　　　　　　　🎧 044

□ 517 ✎報
报
bào

名**新聞**
看报 **kàn bào**　新聞を読む
🈯 报纸 **bàozhǐ**（新聞紙）
関 日报 **rìbào**（日刊紙）、晚报 **wǎnbào**（夕刊紙）
量 张 **zhāng**

□ 518 ✎電郵
电子邮件
diànzǐ yóujiàn

名**メール**
发电子邮件 **fā diànzǐ yóujiàn**　メールを送る
🈯 电邮 **diànyóu**、伊妹儿 **yīmèir**、E-mail

□ 519 ✎紙
纸
zhǐ

名**紙**
一张纸 **yì zhāng zhǐ**　1 枚の紙
量 张 **zhāng**

□ 520
信
xìn

名**手紙**
一封信 **yì fēng xìn**　1 通の手紙
量 封 **fēng**

□ 521
票
piào

❗ 名**チケット、切符**
买票 **mǎi piào**　切符を買う
量 张 **zhāng**

□ 522 ✎図
地图
dìtú

名**地図**
一张地图 **yì zhāng dìtú**　1 枚の地図
量 张 **zhāng**

継续
▼

1 週目

2 週目

3 週目

4 週目

5 週目

6 週目

7 週目

量詞 方位詞 数詞

その他

"东西"（528）はdōngxiかdōngxiかで意味が全く違います。他にもこのような単語があるので、注意が必要です。

Check 2   🎧 093

我爸爸每天看报。

Wǒ bàba měi tiān kàn bào.

父は毎日新聞を読みます。

我晚上发电子邮件。

Wǒ wǎnshang fā diànzǐ yóujiàn.

私は夜メールを出します。

可以给我一张纸吗?

Kěyǐ gěi wǒ yì zhāng zhǐ ma?

紙を1枚もらえますか。

我给朋友写了一封信。

Wǒ gěi péngyou xiěle yì fēng xìn.

私は友達に手紙を1通書きました。

我要买两张电影票。

Wǒ yào mǎi liǎng zhāng diànyǐngpiào.

私は映画のチケットを2枚買いたいです。

别忘了拿一张地图。

Bié wàngle ná yì zhāng dìtú.

地図を1枚取るのを忘れないで。

继续
▼

Check 1   🎧 044

□ 523

礼物

lǐwù

名 プレゼント

送礼物 sòng lǐwù　プレゼントを贈る

□ 524

照片

zhàopiàn

名 写真

一张照片 yì zhāng zhàopiàn　1枚の写真
量 张 zhāng

□ 525

声音

shēngyīn

❗名 音、声

没有声音 méiyǒu shēngyīn　音がしない

□ 526

事ル

shìr

名 事、用事

有事儿 yǒu shìr　用事がある
量 件 jiàn

□ 527

事情

shìqing

名 事、用事

这件事情 zhè jiàn shìqing　この件
量 件 jiàn

□ 528

东西

dōngxi

名 もの

买东西 mǎi dōngxi　買い物をする
辞 dōngxī と発音すると「東西」(とうざい)の意味になる

43日目 🎧 043
Quick Review
答えは次頁

□ 花儿	□ 河	□ 云
□ 树	□ 风	□ 天气
□ 山	□ 雨	□ 太阳
□ 海	□ 雪	□ 月亮

1週目

2週目

3週目

4週目

5週目

6週目

7週目

方位詞
量詞
数詞

その他

这是铃木送我的礼物。

Zhè shì Língmù sòng wǒ de lǐwù.

これは鈴木さんが私にくれたプレゼントです。

这是我护照上的照片。

Zhè shì wǒ hùzhào shang de zhàopiàn.

これは私のパスポートの写真です。

这是什么声音?

Zhè shì shénme shēngyīn?

これは何の音ですか。

明天我有事儿。

Míngtiān wǒ yǒu shìr.

明日私は用事があります。

这星期事情很多。

Zhè xīngqī shìqing hěn duō.

今週は用事が多いです。

他去买东西了。

Tā qù mǎi dōngxi le.

彼は買い物に行きました。

□ 花	□ 川	□ 雲
□ 木	□ 風	□ 天気
□ 山	□ 雨	□ 太陽
□ 海	□ 雪	□ 月

□ 529
文学
wénxué

名**文学**
外国文学 wàiguó wénxué　外国文学

□ 530 🖊化
文化
wénhuà

名**文化、学問、教養**
有文化 yǒu wénhuà　教養がある

□ 531 🖊碼
号码
hàomǎ

名**番号**
电话号码 diànhuà hàomǎ　電話番号

□ 532 🖊辦
办法
bànfǎ

名**方法**
好办法 hǎo bànfǎ　よい方法

□ 533 🖊問題
问题
wèntí

名**問題、質問**
没问题 méi wèntí　問題なし、大丈夫

□ 534 🖊空児
空儿
kòngr

名**暇**
有空儿 yǒu kòngr　暇がある
◎名 空气 kōngqì（空気）

继续 ▼

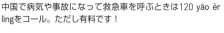

中国で病気や事故になって救急車を呼ぶときは120 yāo èr língをコール。ただし有料です！

Check 2

🎧 094

1週目
2週目
3週目
4週目
5週目
6週目
7週目
量詞 方位詞 数詞
その他

他学习中国文学。

Tā xuéxí Zhōngguó wénxué.

彼は中国文学を学んでいます。

我喜欢中国文化。

Wǒ xǐhuan Zhōngguó wénhuà.

私は中国文化が好きです。

你的房间号码是多少?

Nǐ de fángjiān hàomǎ shì duōshao?

あなたの部屋番号は何番ですか。

没有办法。

Méiyǒu bànfǎ.

方法がありません。

没有什么问题。

Méiyǒu shénme wèntí.

何も問題はありません。

你明天有空儿吗?

Nǐ míngtiān yǒu kòngr ma?

明日暇がありますか。

継続
▼

☐ 535 ✏️機

机会

jīhuì

名 **機会、チャンス**

☐ 536

故事

gùshi

名 **物語**

讲**故事** jiǎng gùshi　お話をする

☐ 537

意思

yìsi

❗ 名 **意味、考え**

什么**意思** shénme yìsi　どんな意味

☐ 538

健康

jiànkāng

名 **健康**

注意**健康** zhùyì jiànkāng　健康に注意する
→形 577

☐ 539

病

bìng

名 **病気**

什么**病** shénme bìng　どんな病気
動 病気になる

☐ 540 ✏️薬

药

yào

名 **薬**

吃**药** chī yào　薬を飲む

44日目 🎧 044
Quick Review
答えは次頁

☐ 报　　　　☐ 票　　　　☐ 声音
☐ 电子邮件　☐ 地图　　　☐ 事儿
☐ 纸　　　　☐ 礼物　　　☐ 事情
☐ 信　　　　☐ 照片　　　☐ 东西

1週目

2週目

3週目

4週目

5週目

6週目

7週目

方位詞 量詞 数詞

その他

这是一个好机会。
Zhè shì yí ge hǎo jīhuì.
これはよい機会です。

这个故事很有意思。
Zhège gùshi hěn yǒu yìsi.
この物語はおもしろいです。

这是什么意思?
Zhè shì shénme yìsi?
これはどういう意味ですか。

健康第一。
Jiànkāng dìyī.
健康が一番です。

他的病已经好了吗?
Tā de bìng yǐjīng hǎo le ma?
彼の病気はもうよくなりましたか。

我去买药。
Wǒ qù mǎi yào.
私は薬を買いに行きます。

☐ 新聞	☐ チケット	☐ 音
☐ メール	☐ 地図	☐ 事
☐ 紙	☐ プレゼント	☐ 事
☐ 手紙	☐ 写真	☐ もの

Check 1　　　　　　　　　　　　🎧 046

□ 541
笑
xiào

動 笑う

□ 542
哭
kū

動 泣く

□ 543
怕
pà

動 恐れる、怖がる、心配する

□ 544 🖊気
生气
shēng▾qì

❗動 怒る、腹を立てる

□ 545 🖊愛
爱
ài

動 愛する、好む

□ 546 🖊歓
喜欢
xǐhuan

動 好む、好きだ

継续
▼

1 週目

2 週目

3 週目

4 週目

5 週目

6 週目

7 週目

方位詞
量詞
数詞

その他

腹が立ったとき、うれしいときに使う感情表現はドラマや
映画を見て覚えるのが早道です。

Check 2   🎧 095

笑一笑。
Xiào yi xiào.
ちょっと笑って。

别哭了。
Bié kū le.
もう泣かないで。

我很怕爸爸。
Wǒ hěn pà bàba.
私は父親がとても怖いです。

他生气了。
Tā shēngqì le.
彼は怒りました。

她不爱他了。
Tā bú ài tā le.
彼女は彼が好きでなくなりました。

你喜欢白色还是喜欢红色?
Nǐ xǐhuan báisè háishi xǐhuan hóngsè?
あなたは白が好きですか、それとも赤が好きですか。

継続
▼

Check 1　　　　　　　　　　　　　🎧 046

□ 547
知道
zhīdao

動 知っている
🈳 不知道 bù zhīdào（知らない）

□ 548 ✎認識
认识
rènshi

動 知っている、見知る
📖 "认识"は面識がある場合に使う
"知道"は情報や知識として知っている場合に使い、面識がなくてもかまわない

□ 549
明白
míngbai

動 分かる
形 明白である

□ 550 ✎紹
介绍
jièshào

動 紹介する

□ 551 ✎覚
觉得
juéde

動 感じる、…と思う
🈳 動 睡觉 shuìjiào → 290

□ 552 ✎見
看见
kàn‸jiàn

動 見える、見かける

□ 文学　　□ 问题　　□ 意思
□ 文化　　□ 空儿　　□ 健康
□ 号码　　□ 机会　　□ 病
□ 办法　　□ 故事　　□ 药

1週目　2週目　3週目　4週目　5週目　6週目　7週目　方位詞 量詞・数詞　その他

我知道他的名字。

Wǒ zhīdao tā de míngzi.

私は彼の名前を知っています。

我不认识他。

Wǒ bú rènshi tā.

私は彼を知りません。

老师的话你明白了吗? Lǎoshī de huà nǐ míngbai le ma?

先生の話、あなた分かりましたか。

他的意思很明白。 Tā de yìsi hěn míngbai.

彼の考えは明白です。

我介绍一下我哥哥吧。

Wǒ jièshào yíxià wǒ gēge ba.

兄をちょっと紹介しますね。

你觉得怎么样?

Nǐ juéde zěnmeyàng?

あなたはどう思いますか。

我没看见他。

Wǒ méi kànjiàn tā.

私は彼を見かけていません。

□ 文学　□ 問題　□ 意味
□ 文化　□ 暇　□ 健康
□ 番号　□ 機会　□ 病気
□ 方法　□ 物語　□ 薬

□ 553 🖉風

刮风

guā fēng

🔲動 風が吹く

□ 554

下雨

xià yǔ

🔲動 雨が降る

□ 555 🖉冒

感冒

gǎnmào

🔲動 風邪をひく

□ 556

注意

zhùˇyì

🔲動 注意する、気をつける

注意安全 zhùyì ānquán 安全に注意する

□ 557

休息

xiūxi

🔲動 休む、休憩する

好好儿休息 hǎohāor xiūxi しっかり休む

□ 558

同意

tóngyì

🔲動 同意する、賛成する

継続
▼

中国では、結婚後は夫婦別姓が主流です。子供の姓も父方、母方いずれもありえます。

1週目
2週目
3週目
4週目
5週目
6週目
7週目
方位詞、量詞、数詞
その他

Check 2 🎧096

今天刮风了。
Jīntiān guā fēng le.
今日は風が吹きました。

外边下雨呢。
Wàibian xià yǔ ne.
外は雨が降っています。

我感冒了。
Wǒ gǎnmào le.
私は風邪をひきました。

以后请注意。
Yǐhòu qǐng zhùyì.
以後注意してください。

休息一下吧!
Xiūxi yíxià ba!
ちょっと休憩しましょう!

你同意吗?
Nǐ tóngyì ma?
あなたは同意しますか。

継续
▼

Check 1　🎧 047

□ 559
找
zhǎo

🔲 探す、訪ねる、つり銭を出す
找老师 zhǎo lǎoshī　先生を訪ねる
找钱 zhǎo qián　おつりを出す

□ 560
当
dāng

❗🔲 ～になる

□ 561
会
huì

❗🔲 できる、通じている、熟知している
→助動 213

□ 562 ✍歩
散步
sàn▼bù

🔲 散歩する
🔲 場所を目的語にとることができず、「公園を散歩する」は"散步公园"とは言えず"公园里散步""去公园散步"となる

□ 563 ✍結
结婚
jié▼hūn

🔲 結婚する
跟她结婚 gēn tā jiéhūn　彼女と結婚する

□ 564 ✍帮
帮助
bāngzhù

❗🔲 手伝う、助ける
🔲🔲 帮忙 bāng▼máng（手伝う、助ける）

我在找工作。 Wǒ zài zhǎo gōngzuò.
私は仕事を探しています。

找你两块。 Zhǎo nǐ liǎng kuài.
2元のおつりです。

我想当老师。
Wǒ xiǎng dāng lǎoshī.
私は先生になりたいです。

我会汉语。
Wǒ huì Hànyǔ.
私は中国語ができます。

我每天去公园散步。 Wǒ měi tiān qù gōngyuán sànbù.
私は毎日公園に散歩に行きます。

去散散步吧。 Qù sànsan bù ba.
ちょっと散歩に行きましょう。

小李跟小王结婚了。
Xiǎo-Lǐ gēn Xiǎo-Wáng jiéhūn le.
李さんは王くんと結婚しました。

我来帮助你吧。
Wǒ lái bāngzhù nǐ ba.
私があなたを手伝いましょう。

□ 笑う	□ 愛する	□ 分かる
□ 泣く	□ 好む	□ 紹介する
□ 恐れる	□ 知っている	□ 感じる
□ 怒る	□ 知っている	□ 見える

Check 1 🎧 048

□ 565 ✎ 收 **收拾** shōushi	**！** 動 **片付ける**
□ 566 ✎ 差 **差** chà	**！** 動 **不足する、足りない、欠ける** ◎ 動 **出差** chū‿chāi（出張する）
□ 567 **在** zài	前 **〜で** 📖 後ろには場所を表す単語がくる → 動 042　副 327
□ 568 ✎ 従 **从** cóng	前 **〜から** 📖 始点を表し、後ろには時間、場所を表す単語がくる
□ 569 **跟** gēn	前 **〜と、〜について** 📖 後ろには動作を一緒にする相手がくる
□ 570 **和** hé	前 **〜と** 接 **〜と〜** 📖 後ろには動作を一緒にする相手がくる ◎ 形 **暖和** nuǎnhuo → 155

継続
▼

1 週目

2 週目

3 週目

4 週目

5 週目

6 週目

7 週目

方位詞 量詞 数詞

その他

部屋が少し寒いなら"有点儿冷"、昨日より今日のほうが
ちょっと寒いなら"冷一点儿"、ちょっとした違いに注意。

Check 2　　　　　　　　　　　　　　　　　　　　🎧 097

我没时间收拾房间。
Wǒ méi shíjiān shōushi fángjiān.
私は部屋を片付ける時間がありません。

哪里哪里，还差得远呢。
Nǎli nǎli, hái chàde yuǎn ne.
とんでもない、まだまだです。

我在图书馆学习。
Wǒ zài túshūguǎn xuéxí.
私は図書館で勉強します。

从你家到学校要多长时间？
Cóng nǐ jiā dào xuéxiào yào duō cháng shíjiān?
あなたの家から学校までどれくらい時間がかかりますか。

我跟他一起去买东西。
Wǒ gēn tā yìqǐ qù mǎi dōngxi.
私は彼と一緒に買い物に行きます。

暑假我和朋友一起去中国。 Shǔjià wǒ hé péngyou yìqǐ qù Zhōngguó.
夏休みに私は友達と一緒に中国へ行きます。

我有一个哥哥和两个妹妹。 Wǒ yǒu yí ge gēge hé liǎng ge mèimei.
私には兄が1人と妹が2人います。

継続
▼

Check 1　　　　　　　　　　　　　　　　　　　　　🎧 048

□ 571 ✐離

离

lí

🔷 **〜から**
🈁 2 点間の距離の遠近を表す

□ 572

用

yòng

🔷 **〜で**
🈁 後ろには道具や手段を表す単語がくる
→動 484

□ 573

向

xiàng

🔷 **〜に向かって、〜へ**
🈁 後ろには方向、相手を表す単語がくる

□ 574

往

wǎng

🔷 **〜に向かって、〜のほうへ**
動 **〜に向かう**
🈁 後ろには方向、場所を表す単語がくる
🔁 向 xiàng、朝 cháo

□ 575 ✐較

比较

bǐjiào

❗ 副 **わりと、比較的**
動 比較する

□ 576 ✐児

有点ㄦ

yǒudiǎnr

副 **少し**
🈁 "有点儿"＋形容詞 の形で使い、多くは好ましくないことについて言う
関 **一点ㄦ** yìdiǎnr ［比較して］少し

47日目 🎧 047 Quick Review 答えは次頁	□ 刮风	□ 休息	□ 会
	□ 下雨	□ 同意	□ 散步
	□ 感冒	□ 找	□ 结婚
	□ 注意	□ 当	□ 帮助

我家离车站很远。
Wǒ jiā lí chēzhàn hěn yuǎn.
私の家は駅から遠いです。

我用铅笔画一只猫。
Wǒ yòng qiānbǐ huà yì zhī māo.
私は鉛筆で1匹の猫を描きます。

向前走。
Xiàng qián zǒu.
前方に向かって歩く。

往东走就到了。
Wǎng dōng zǒu jiù dào le.
東に行くとすぐです。

这个房间比较干净。 Zhège fángjiān bǐjiào gānjìng.
この部屋はわりときれいです。

你们比较一下吧。 Nǐmen bǐjiào yíxià ba.
（君たち）ちょっと比べてみて。

这个有点儿贵。
Zhège yǒudiǎnr guì.
これは少し［値段が］高いです。

□ 風が吹く	□ 休む	□ できる
□ 雨が降る	□ 同意する	□ 散歩する
□ 風邪をひく	□ 探す	□ 結婚する
□ 注意する	□ ～になる	□ 手伝う

□ 577

健康

jiànkāng

形 健康である
→ 名 538

□ 578

疼

téng

形 痛い

□ 579

舒服

shūfu

形 気持ちがよい、体調がよい

□ 580

小心

xiǎoxīn

❗ 形 気をつける

□ 581

安静

ānjìng

❗ 形 静かである
🈶 静かで落ち着いている様子を表す
🔁 冷静 lěngjìng（静かで少し寂しい）
🔄 热闹 rènao（にぎやかである）

□ 582 ✐楽

快乐

kuàilè

❗ 形 楽しい、愉快である
◎ 名 音乐 yīnyuè → 362

継続
▼

1週目

2週目

3週目

4週目

5週目

6週目

7週目

量詞·方位詞·数詞

その他

もし"你很漂亮。"と褒められたら、"哪里、哪里！"（502）と
答えましょう！

Check 2 🎧 098

祝你身体健康!
Zhù nǐ shēntǐ jiànkāng!
体が健康でありますように！

我肚子疼。
Wǒ dùzi téng.
私はおなかが痛いです。

北京秋天很舒服。Běijīng qiūtiān hěn shūfu.
北京は秋が気持ちいいです。

我身体不舒服。Wǒ shēntǐ bù shūfu.
私は体の調子がよくありません。

小心点儿!
Xiǎoxīn diǎnr!
気をつけて！

教室里很安静。
Jiàoshì li hěn ānjìng.
教室の中は静かです。

祝各位老师、同学春节快乐!
Zhù gèwèi lǎoshī、tóngxué Chūnjié kuàilè!
先生や学生のみなさんが楽しい春節を過ごされますように！

継続
▼

Check 1　　　　　　　　　　　　　　🎧 049

□ 583
方便
fāngbiàn
❗ 形 **便利である**
😊 形 **便宜 piányi →** 398

□ 584 ✐熱
热闹
rènao
形 **にぎやかである**
🔄 安静 ānjìng（静かである）

□ 585 ✐様
一样
yíyàng
形 **同じである**

□ 586 ✐亮
漂亮
piàoliang
形 **美しい、きれいである**
🈁 男女問わず、姿や格好が美しいこと、景観や物が美しくスマートなことを言う

□ 587 ✐愛
可爱
kě'ài
形 **かわいい、愛すべき**

□ 588
有名
yǒumíng
形 **有名である**

48日目 🎧 048
Quick Review
答えは次頁

□ 收拾	□ 跟	□ 向
□ 差	□ 和	□ 往
□ 在	□ 离	□ 比较
□ 从	□ 比	□ 有点儿

坐地铁去西单最方便。
Zuò dìtiě qù Xīdān zuì fāngbiàn.
地下鉄で西単に行くのが一番便利です。

春节的时候这里很热闹。
Chūnjié de shíhou zhèli hěn rènao.
春節のときここはにぎやかです。

我跟他一样高。
Wǒ gēn tā yíyàng gāo.
私は彼と同じ背丈です。

她很漂亮。
Tā hěn piàoliang.
彼女はきれいです。

这个孩子特别可爱。
Zhège háizi tèbié kě'ài.
この子はとりわけかわいいです。

北京烤鸭很有名。
Běijīng kǎoyā hěn yǒumíng.
北京ダックは有名です。

□ 片付ける　□ ～と　□ ～に向かって
□ 不足する　□ ～と　□ ～に向かって
□ ～で　　　□ ～で　□ わりと
□ ～から　　□ ～より　□ 少し

まとめて覚えよう － 時④

時間の長さ

年	一年 yì nián （1年間）	两年 liǎng nián （2年間）	三年 sān nián （3年間）
月	一个月 yí ge yuè （1か月間）	两个月 liǎng ge yuè （2か月間）	三个月 sān ge yuè （3か月間）
星期	一个星期 yí ge xīngqī （1週間）	两个星期 liǎng ge xīngqī （2週間）	三个星期 sān ge xīngqī （3週間）
天	一天 yì tiān （1日）	两天 liǎng tiān （2日間）	三天 sān tiān （3日間）
小时	一个小时 yí ge xiǎoshí （1時間）	两个小时 liǎng ge xiǎoshí （2時間）	三个小时 sān ge xiǎoshí （3時間）
分钟	一分钟 yì fēnzhōng （1分間）	两分钟 liǎng fēnzhōng （2分間）	三分钟 sān fēnzhōng （3分間）

キクタン中国語

巻末付録

―――――――――

準4級レベルで覚えたい
方位詞・量詞・数詞

中国語の発音

よく使うフレーズ

―――――――――

方位詞

□ 589 **上** shang	上
黑板上 hēibǎn shang	黒板（の表面）に
桌子上有很多书。 Zhuōzi shang yǒu hěn duō shū.	机の上にはたくさんの本があります。

□ 590 **下** xià	下
桌子下 zhuōzi xià	机の下
桌子下有一个包。 Zhuōzi xià yǒu yí ge bāo.	机の下にかばんが１つあります。

□ 591 **里** li	**中、内、奥の** 🔲 方位詞には軽声になるものとならないものがある
教室里 jiàoshì li	教室の中
桌子里有一个手机。 Zhuōzi li yǒu yí ge shǒujī.	机の中に携帯電話が１つあります。

□ 592 **外** wài	外
教室外 jiàoshì wài	教室の外
教室外有很多人。 Jiàoshì wài yǒu hěn duō rén.	教室の外にはたくさんの人がいます。

49日目 🎧 049 Quick Review 答えは次頁

□ 健康	□ 小心	□ 方便	□ 漂亮
□ 疼	□ 安静	□ 热闹	□ 可爱
□ 舒服	□ 快乐	□ 一样	□ 有名

□ 593 **前** qián	**前** 🈁 時間的、空間的に前のことを言う
三天前 sān tiān qián	3日前
请往前走。 Qǐng wǎng qián zǒu.	前に向かって進んでください [まっすぐ進んでください]。

□ 594 ✎後 **后** hòu	**後ろ、のち** 🈁 時間的、空間的に後のことを言う
两星期后 liǎng xīngqī hòu	2週間後
别往后看。 Bié wǎng hòu kàn.	後ろを向かないでください。

□ 595 ✎边 **旁边** pángbiān	**そば、傍ら**
图书馆旁边 túshūguǎn pángbiān	図書館のそば
我家旁边有一所医院。 Wǒ jiā pángbiān yǒu yì suǒ yīyuàn.	私の家のそばには病院があります。

□ 596 ✎東边 **东边** dōngbian	**東、東側** 🈁 "东京的东边"は、東京の東側の県、東京の東のほうの意味がある
东京东边 Dōngjīng de dōngbian	東京の東側
我住在北京东边。 Wǒ zhùzài Běijīng dōngbian.	私は北京の東に住んでいます。

□ 健康である　□ 気をつける　□ 便利である　□ 美しい
□ 痛い　□ 静かである　□ にぎやかである　□ かわいい
□ 気持ちがよい　□ 楽しい　□ 同じである　□ 有名である

方位詞

□ 597 ✎边

南边
nánbian

南、南側

南京南边 Nánjīng de nánbian

南京の南側

天坛公园在天安门南边。
Tiāntán gōngyuán zài Tiān'ānmén nánbian.

天壇公園は天安門の南側にあります。

□ 598 ✎边

西边
xībian

西、西側

西安西边 Xī'ān xībian

西安の西側

我家在北京西边。
Wǒ jiā zài Běijīng xībian.

私の家は北京の西側にあります。

□ 599 ✎边

北边
běibian

北、北側

北京北边 Běijīng běibian

北京の北側

邮局在车站北边。
Yóujú zài chēzhàn běibian.

郵便局は駅の北側にあります。

□ 600 ✎边

上边
shàngbian

上

🔁 上面 shàngmiàn

椅子上边 yǐzi shàngbian

椅子の上

上边的书是我的。
Shàngbian de shū shì wǒ de.

上の本は私のです。

□ 601 ✏边 **下边** xiàbian	**下** 🔁 下面 xiàmiàn
椅子下边 yǐzi xiàbian	椅子の下
椅子下边有一只猫。 Yǐzi xiàbian yǒu yì zhī māo.	椅子の下に猫が1匹います。
□ 602 ✏边 **外边** wàibian	**外** 🔁 外面 wàimiàn
教室外边 jiàoshì wàibian	教室の外
外边有人。 Wàibian yǒu rén.	外に人がいます。
□ 603 ✏边 **里边** lǐbian	**中、奥** 🔁 里面 lǐmiàn
屋子里边 wūzi lǐbian	部屋の中
里边有什么东西? Lǐbian yǒu shénme dōngxi?	中にはどんなものがありますか。
□ 604 ✏边 **右边** yòubian	**右** 🔁 右面 yòumiàn
往右边看 wǎng yòubian kàn	右を見る
厕所在右边。 Cèsuǒ zài yòubian.	トイレは右側です。

方位詞

□ 605 ✎边
左边
zuǒbian

左

⇄ 左面 zuǒmiàn

往左边看 wǎng zuǒbian kàn

左を見る

张老师的左边是小王。
Zhāng lǎoshī de zuǒbian shì Xiǎo-Wáng.

張先生の左側は王くんです。

□ 606 ✎边
前边
qiánbian

前

⇄ 前面 qiánmiàn　📖「前の銀行」は"前边的银行"となり"的"が必要

银行(的)前边 yínháng (de) qiánbian

銀行の前

学校(的)前边有什么?
Xuéxiào (de) qiánbian yǒu shénme?

学校の前には何がありますか。

□ 607 ✎後边
后边
hòubian

後ろ

⇄ 后面 hòumiàn

电影院(的)后边 diànyǐngyuàn (de) hòubian

映画館の後ろ

邮局(的)后边是一家饭店。
Yóujú (de) hòubian shì yì jiā fàndiàn.

郵便局の後ろはホテルです。

量詞

⌂ 100

1 週目
2 週目
3 週目
4 週目
5 週目
6 週目
7 週目

量方
詞位
・詞
数
詞

その他

□ 608 ✎個

个
ge

	～個（広くものを数える）、 ～人（一般的に人を数える）
一个东西 yí ge dōngxi　一个人 yí ge rén	1つのもの　1人の人
我买了两个苹果。 Wǒ mǎile liǎng ge píngguǒ.	私はリンゴを2個買った。

□ 609

位
wèi

	～名（敬意を持って人を数える）
一位老师 yí wèi lǎoshī	1名の先生
你们几位? Nǐmen jǐ wèi?	何名様ですか。

□ 610

口
kǒu

	～人（家族の人数を数える）
四口人 sì kǒu rén	4人家族
你家有几口人? Nǐ jiā yǒu jǐ kǒu rén?	あなたの家は何人家族ですか?

□ 611 ✎張

张
zhāng

	～枚（平面のものを数える）
一张纸 yì zhāng zhǐ　一张票 yì zhāng piào	1枚の紙　1枚のチケット
我买了三张票。 Wǒ mǎile sān zhāng piào.	私はチケットを3枚買いました。

量詞

□ 612

把
bǎ

〜本（柄や取っ手のついている器物を数える）

一把伞 yì bǎ sǎn　一把椅子 yì bǎ yǐzi	1 本の傘　1 脚の椅子
那把伞是谁的? Nà bǎ sǎn shì shéi de?	その傘は誰のですか。

□ 613 ✐条

条
tiáo

〜本（細長いものを数える）

🈁 スカートやズボン、犬を数えるときに使うこともある

一条路 yì tiáo lù　一条裤子 yì tiáo kùzi	1 本の道路　1 本のズボン
前边有一条河。 Qiánbian yǒu yì tiáo hé.	前方に川がある。

□ 614

支
zhī

〜本（棒状のものを数える）

🈁 枝 zhī

一支钢笔 yì zhī gāngbǐ	1 本のペン
桌子上有几支笔? Zhuōzi shang yǒu jǐ zhī bǐ?	机には何本のペンがありますか。

□ 615

本
běn

〜冊（冊子になっているものを数える）

一本书 yì běn shū　一本杂志 yì běn zázhì	1 冊の本　1 冊の雑誌
我买了一本汉日词典。 Wǒ mǎile yì běn Hàn-Rì cídiǎn.	私は中日辞典を 1 冊買いました。

□ 616

件
jiàn

～着、～件（衣類・事柄・ものを数える）

📖 シャツやセーターなど上に着る衣服に使う

一件衣服 yí jiàn yīfu　一件事情 yí jiàn shìqing | 1着の服　1件の用事

我送你一件礼物。
Wǒ sòng nǐ yí jiàn lǐwù. | 私はあなたにプレゼントを贈ります。

□ 617

封
fēng

～通（手紙など封入されたものを数える）

一封信 yì fēng xìn | 1通の手紙

我写了一封信。
Wǒ xiěle yì fēng xìn. | 私は手紙を1通書きました。

□ 618 ✏️辆

辆
liàng

～台（車両を数える）

一辆汽车 yí liàng qìchē　一辆自行车 yí liàng zìxíngchē | 1台の車　1台の自転車

我要买一辆自行车。
Wǒ yào mǎi yí liàng zìxíngchē. | 私は自転車を1台買いたい。

□ 619

片
piàn

～枚、～片（薄っぺらいものやかけらを数える）

一片肉 yí piàn ròu　一片面包 yí piàn miànbāo | 1枚の肉　1枚の食パン

他只吃了一片肉。
Tā zhǐ chīle yí piàn ròu. | 彼は1枚の肉しか食べなかった。

1 週目
2 週目
3 週目
4 週目
5 週目
6 週目
7 週目

量詞 方位詞 数詞

その他

量詞

□ 620

只
zhī

| | ～匹、～羽（小動物を数える）、ペアの片方を数える |
| | ◎ 副 只 zhǐ → 411 |

| 一只猫 yì zhī māo　一只鸟 yì zhī niǎo | 1 匹の猫　1 羽の鳥 |
| **我家有三只猫。**
Wǒ jiā yǒu sān zhī māo. | 我が家には猫が 3 匹います。 |

□ 621 ✎ 頭

头
tóu

～頭、～匹（家畜などを数える）

| 一头牛 yì tóu niú | 1 頭の牛 |
| **他卖了一头牛。**
Tā màile yì tóu niú. | 彼は牛を 1 頭売った。 |

□ 622

家
jiā

～軒（家庭や商店、企業を数える）

| 一家商店 yì jiā shāngdiàn | 一軒のお店 |
| **大学附近有一家餐厅。**
Dàxué fùjìn yǒu yì jiā cāntīng. | 大学の近くに 1 軒レストランがあります。 |

□ 623

楼
lóu

～階

| 一楼 yī lóu | 1 階 |
| **留学生办公室在二楼。**
Liúxuéshēng bàngōngshì zài èr lóu. | 留学生事務室は 2 階にあります。 |

□ 624

座
zuò

〜つ（山などの自然物やビルなどの建造物を数える）

一座山 yí zuò shān　一座桥 yí zuò qiáo

1つの山　1つの橋

那座桥很高。
Nà zuò qiáo hěn gāo.

あの橋は高い。

□ 625

杯
bēi

〜杯（コップ・杯などの容器を単位として液体を数える）

一杯水 yì bēi shuǐ　一杯咖啡 yì bēi kāfēi

1杯の水　1杯のコーヒー

我要一杯咖啡。
Wǒ yào yì bēi kāfēi.

コーヒーを1杯下さい。

□ 626

瓶
píng

〜本（瓶に入ったものを数える）

一瓶啤酒 yì píng píjiǔ

1本のビール

我要两瓶可乐。
Wǒ yào liǎng píng kělè.

コーラを2本下さい。

□ 627

碗
wǎn

〜杯、〜碗（碗に入ったものを数える）

一碗汤 yì wǎn tāng　一碗面条 yì wǎn miàntiáo

1杯のスープ　1杯の麺

铃木很饿，吃了两碗米饭。
Língmù hěn è, chīle liǎng wǎn mǐfàn.

鈴木さんはおなかが減ったので、ご飯を2杯食べました。

1週目　2週目　3週目　4週目　5週目　6週目　7週目　量詞方位詞数詞　その他

量詞

□ 628

双
shuāng

～セット、組（対のものを数える）

一双鞋 yì shuāng xié　一双手 yì shuāng shǒu

1 足の靴　両手

我刚买了一双鞋。
Wǒ gāng mǎile yì shuāng xié.

私は靴を1足買ったばかりです。

□ 629 ✏種

种
zhǒng

～種類（種類を数える）

一种办法 yì zhǒng bànfǎ

1 種類の方法

这种茶叶多少钱?
Zhè zhǒng cháyè duōshao qián?

この茶葉はいくらですか。

□ 630 ✏節

节
jié

～コマ（授業のコマ数を数える）

一节课 yì jié kè

1 コマの授業

你今天有几节课?
Nǐ jīntiān yǒu jǐ jié kè?

あなたは今日何コマ授業がありますか。

□ 631

次
cì

～回、～度（一般的な回数に用いる）

来一次 lái yí cì

1 回来る

你去过几次中国?
Nǐ qùguo jǐ cì Zhōngguó?

あなたは中国に何回行ったことがあります
か。

□ 632 🖊遍 **遍** biàn	**〜回**（動作の始めから終わりまでの 全過程に用いる）
说一遍 shuō yí biàn	1 回言う
请再说一遍。 Qǐng zài shuō yí biàn.	もう一度言って下さい。
□ 633 **些** xiē	**いくらか、少し** 🔁 一些 yì xiē
你买了些什么? Nǐ mǎile xiē shénme?	あなたは何を買いましたか。
□ 634 🖊児 **一点儿** yìdiǎnr	**少し**
知道一点儿 zhīdao yìdiǎnr	少し知っている
便宜一点儿, 行吗? Piányi yìdiǎnr, xíng ma?	少し安くしてもらえますか。
□ 635 🖊児 **一会儿** yíhuìr	**しばらく、ちょっと** 💬 口語では yìhuǐr と発音することもある
睡一会儿 shuì yíhuìr	しばらく寝る
我们休息一会儿吧。 Wǒmen xiūxi yíhuìr ba.	私たち少し休みましょう。

1週目 2週目 3週目 4週目 5週目 6週目 7週目 量詞・方位詞・数詞 その他

量詞・数詞

□ 636

一下
yíxià

ちょっと

📖 動詞の後に用いる

等一下 děng yíxià

ちょっと待つ

先看一下吧。
Xiān kàn yíxià ba.

まずちょっと見てみましょう。

□ 637

公斤
gōngjīn

キログラム

一公斤多少钱?
Yì gōngjīn duōshao qián?

1キロいくらですか。

□ 638

公里
gōnglǐ

キロメートル

我每天跑两公里。
Wǒ měi tiān pǎo liǎng gōnglǐ.

私は毎日2キロ走ります。

□ 639 ✏ 歳

岁
suì

〜歳

我今年三十二岁。
Wǒ jīnnián sānshi'èr suì.

私は今年32歳です。

中国語の発音

■ 拼音 (ピンイン)

🎧 102

中国語の発音はピンイン（拼音）という中国式ローマ字を使って表します。私たちが慣れ親しんでいるローマ字や英語とは異なる読み方がありますので、しっかり覚えましょう。

例えば"喝"はピンインでは hē と表記します。ローマ字なら「ヘ」、英語なら「ヒー」のように発音しますが、ピンインでは「フー」のように発音します。便宜上カタカナで表記していますが、日本語の読み方でそのまま読んではいけません。1つ1つのピンインの音をしっかり覚えて、中国語の単語がスラスラと正しい発音で読めて聞けるように発音をマスターしましょう。

中国語の発音の仕組み

声調

好 hǎo

子音 母音

■ 声調 (せいちょう)

中国語には声調というトーンがあります。4種類あることから四声（しせい）と呼ばれ、第1声は"—"第2声は"／"、第3声は"∨"、第4声は"＼"という声調符号を母音の上につけます。

🎧 103

第1声	第2声	第3声	第4声
ā	á	ǎ	à
→	↗	↘⋯	↘
高く平らに	急激に ぐっと上げる	低く抑える	急激に ぐっと下げる

※ 1つの漢字に1つの声調符号がつきます（軽声は除く）。
※ 第3声は、後ろに第3声以外の声調がくるときは、上の図の点線の部分は発音せず低く抑えます。

■ 軽声 (けいせい)

四声の他に、軽声があります。軽声には決まった音の高さはなく、前の音節の高さによって変わります。軽声には声調符号はつけません。

🎧 104

第1声＋軽声	第2声＋軽声	第3声＋軽声	第4声＋軽声
māma	máma	mǎma	màma

※声調が変わると意味も変わります。

妈妈 骂 马。Māma mà mǎ. （お母さんが馬を叱る。）

発音アドバイス

日本語の上げ下げより大げさに、手振りをつけて練習してみましょう。

■ 母音 (ぼいん)

中国語には6つの「母音」と、舌をそり上げて発音する「そり舌母音」があります。

🎧 105

a
口を大きく開けて「アー」

o
日本語の「オ」より唇を丸め、前に突き出し「オー」

e
口の両端をやや横に引いて、上下の歯の間に指1本分ぐらいの隙間を開け「オー」

i（yi）
口を左右にしっかりと引いて「イー」

u（wu）
日本語の「ウ」よりも唇を丸めて突き出し「ウー」

ü（yu）
uの口の形で「イー」、口笛を吹く時の口の構えを意識する

er
「アー」と発音すると同時に舌先をそり上げる

※母音の前に子音がない場合は（　）の表記になります。

発音アドバイス

aは日本語の「ア」より大きく口を開く、oは丸い口を意識、eは日本語の「ア」「ウ」「オ」の中間くらいの音、iは日本語の「イ」より口をしっかりと横に引く、uは日本語の「ウ」よりかなりこもった音、üは「ユイ」のように二重母音にならないように注意しましょう。

■ 複母音
<small>ふく ぼ いん</small>

２つ以上の母音が組み合わさったもので切り離さず滑らかに発音します。

後ろの母音は弱く、緊張が緩んだ音に　　　　　　　　　　　　　🎧 106

ai	ei	ao	ou
「アィ」と大きく開けた口を横に引く	「エィ」と口を横に引く	「アォ」と大きく開けた口を徐々に丸くする	「オウ」と丸く開けた口を、徐々に前に突き出す

前の母音は弱いが、母音の口の形ははっきりと

ia（ya）	ie（ye）	ua（wa）	uo（wo）
「ィアー」と横に引いた口を徐々に大きく開く	「イエ」と口は横に開いたまま	「ゥア」と口を突き出したところから大きく開ける	「ウオ」と大きく突き出した唇を縦に開ける

üe（yue）
唇をすぼめたところから「ユエ」

前の母音は弱いが、母音の口の形ははっきりと、真ん中の音ははっきり発音し、最後は緊張が緩んだ音に

iao（yao）	iou（you）	uai（wai）	uei（wei）
「ィアオ」と滑らかに	「ィオウ」と滑らかに	「ゥアイ」と滑らかに	「ウエイ」と滑らかに

※ 子音が前にない場合は（　）の表記になります。
※ iou 、uei の前に子音がつく場合、真ん中の o と e の母音は弱まり、つづりからも消えて iu、ui となります。
　例）j + iou = jiu　　　d + uei = dui
※ e は複母音では日本語の「エ」に近い音になります。

■ 子音
<small>し いん</small>

中国語には 21 の子音があります。清濁の区別はせず、6 組の息を強く出す有気音と息を抑える無気音があります。（　）内の母音をつけて練習してみましょう。

	無気音	有気音		
唇音	b（o） 上下の唇を合わせ 「ボォ」	p（o） 上下の唇を合わせ 強く息を吐き出し 「ポォ」	m（o） 上下の唇を合わせ 「モォ」	f（o） 上の歯を下唇に当 て「フォ」
舌尖音	d（e） 舌先を上の歯の裏 に当て「ドゥ」	t（e） 舌先を上の歯の裏 に当て強く息を吐 き出し「トゥ」	n（e） 舌先を上の歯の裏 に当て「ヌゥ」	l（e） 舌先を上の歯の裏 に当て「ルゥ」
舌根音	g（e） 舌先を下歯茎あた りに置き、奥舌を 盛り上げて喉の奥 から「グゥ」	k（e） 舌先を下歯茎のあ たりに置き、奥舌 を盛り上げて喉の 奥から強く息を吐 き出し「クゥ」	h（e） 舌先を下歯茎あた りに置き、奥舌を 盛り上げ喉の奥か ら「フゥ」	
舌面音	j（i） 口を左右に引き、 舌先を下の歯に当 て「チー」	q（i） 口を左右に引き、 舌先を下の歯に当 て、強く息を吐き 出し「チー」	x（i） 口を左右に引き、 舌先を下の歯に当 て、「シー」	
そり舌音	zh（i） 舌先を上歯茎より もさらに奥につけ て「チイー」	ch（i） 舌先を上歯茎より もさらに奥につけ て、強く息を吐き 出し「チイー	sh（i） 舌先を上歯茎より もさらに奥につけ て「シー」	r（i） 舌先を上歯茎より もさらに奥につけ て「リー」
舌歯音	z（i） 口を横に引いて、 舌先を歯の裏に押 し当て「ツー」	c（i） 口を横に引いて、 舌先を歯の裏に押 し当て、強く息を 吐き出し「ツー」	s（i） 口を横に引いて、 舌先を歯の裏に押 し当て「スー」	

※ j、q、x、の後にüが来るときは、üの‥をとって ju、qu、xu と表記します。

発音アドバイス

・無気音と有気音を間違えると全く違う意味になります。
　"肚子" dùzi（おなか）　"兔子" tùzi（うさぎ）
・「アンパンマン」の「パ」は無気音、「ポップコーン」の「ポ」は有気音に近い音です。
　無気音と有気音の違いは声の大きさではなく、息の強さの違いです。
・iの発音には口を横にしっかり引いて発音するi（ji）、そり舌音のときのi（zhi）、日本語の「う」
　に近い口の形で発音するi（zi）があります。

■ 鼻母音
<ruby>鼻<rt>び</rt></ruby><ruby>母<rt>ぼ</rt></ruby><ruby>音<rt>いん</rt></ruby>

鼻母音は母音の語尾に n や ng がついたものです。n は舌先を上の歯の裏につけて、口から息が出ないようにして、鼻のほうに抜いて「ン」と発音します。ng は舌先を下歯茎あたりに置き、奥舌を盛り上げて、口への息の流れを止めて「ん」と発音します。英語の long や song のように「ング」と発音してはいけません。日本語の「あんない」（案内）と「あんがい」（案外）を発音してみてください。案内の「ン」が n、案外の「ん」が ng の音になります。n と ng を区別をするために便宜上 n を「ン」、ng を「ん」としています。

🎧 108

an 短く、はっきり と「アン」	en 短く、はっきり と「エン」	ang 口を大きく開け て「あん」	eng 口を横に引いて 「オん」	ong 口を突き出して 「オん」
ian（yan） 「イエン」	in（yin） 「イン」	iang（yang） 「イアん」	ing（ying） 「イん」	iong（yong） 「イオん」
uan（wan） 「ウアン」	uen（wen） 「ウエン」	uang（wang） 「ウアん」	ueng（weng） 「ウオん」	
üan（yuan） 「ユアン」	ün（yun） 「ユイン」			

※ 子音が前にない場合は（　）の表記になります。
※ uen の前に子音がつく場合、真ん中の e が弱まり、つづりからも消えて -un になります。
　　例）k + uen = kun

発音アドバイス

・e と o の発音に注意しましょう。
・ian の a は日本語の「エ」に近い音になります。
・en と uen の e は日本語の「エ」に近い平口で発音します。
・eng、ueng の e は日本語の「オ」に近い平口で発音します。

ここまで勉強した母音・子音・鼻母音を組み合わせて発音練習をしてみましょう。
Web 音節表などで組み合わせと音を確認しましょう。

■ 儿化
<ruby>儿<rt>アル</rt></ruby><ruby>化<rt>か</rt></ruby>

特定の単語の後ろに "儿 ér" がつくことを "儿化" と言います。ピンイン表記では "e" が消えて、"r" だけを単語の後ろにつけます。

🎧 109

nǎr	yìdiǎnr	yíhuìr
哪儿	一点儿	一会儿
どこ	少し	しばらく

発音アドバイス

最後が "i" と "n" の場合には、
"i" と "n" は発音せずに舌先をそり上げます。

■ 声調変化（変調）

　中国語の声調は後ろにくる音の声調によって変化する場合があり、これを変調と言います。以下のような場合に声調変化が起こります。

1 3声の変調（声調符号はそのまま）　🎧 110

3声＋3声　⇒　2声＋2声

你好 nǐ hǎo　　　ní hǎo

> フレーズや文が長いときは意味の切れ目で区切ります。
> 我 | 很好。Wǒ hěn hǎo.
> 我想买 | 五把雨伞。Wǒ xiǎng mǎi wǔ bǎ yǔsǎn.

2 "不" bù の変調（声調符号も変える）　🎧 111

後ろにくるのが4声のときだけ2声に変わる

不去 bú qù　　不看 bú kàn

3 "一" yī の変調（声調符号も変える）　🎧 112

後ろにくるのが1声・2声・3声→4声に変わる。

一天 yìtiān　　一年 yìnián　　一起 yìqǐ

後ろにくるのが4声→2声に変わる。

一件 yíjiàn　　一辆 yíliàng

ただし、順番や順序を表す場合は1声のままで発音します。

一月 yī yuè　　第一课 dì-yī kè

声調符号のつけ方

1 母音が1つの時は母音の上につける

2 母音が複数ある時は、

　① a があれば a の上につける
　② a がなければ o か e の上につける
　③ -iu, -ui の組み合わせは後ろにつける

3 i の上に声調符号をつける時は点を取って　ī í ǐ ì

隔音記号について

2番目以降の音節が a, o, e ではじまる場合、前の音節との区切りをはっきりと示すため隔音符号「'」をつけます。

天安门 Tiān'ānmén　　　**西安** Xī'ān　　　**恋爱** liàn'ài

離合詞のピンイン表記

"结婚"のように「動詞＋目的語」の組み合わせでできている動詞を離合詞と言います。本書では他の動詞と区別するために jié▾hūn のように表記しています。辞書では一般的に jié//hūn と表記されていますが、ピンイン入力をする際やピンインを書く時に▾や // をつける必要はありません。

よく使うフレーズ

あいさつ、会話などでよく使うフレーズをまとめました。

1	你好。	Nǐ hǎo.	こんにちは。／はじめまして。／すみません。
2	大家好。	Dàjiā hǎo.	みなさん、こんにちは。
3	老师好。	Lǎoshī hǎo.	先生、こんにちは。
4	同学们好。	Tóngxuémen hǎo.	(学生に対して) みなさん、こんにちは。
5	晚上好。	Wǎnshang hǎo.	こんばんは。
6	晚安。	Wǎn'ān.	おやすみ。
7	再见。	Zàijiàn.	さようなら。
8	明天见。	Míngtiān jiàn.	また明日。
9	回头见。	Huítóu jiàn.	また後で。
10	回来了。	Huílai le.	ただいま／おかえり。
11	谢谢。	Xièxie.	ありがとう。
12	不客气。	Bú kèqi.	どういたしまして。
13	不用谢。／不谢。	Búyòng xiè.／Bú xiè.	どういたしまして。
14	哪里，哪里。／哪儿的话。	Nǎli, nǎli.／Nǎr dehuà.	とんでもない／どういたしまして。
15	对不起。	Duìbuqǐ.	すみません。

よく使うフレーズ

16	没关系。	Méi guānxi.	かまいません。
17	辛苦了。	Xīnkǔ le.	お疲れさまでした。
18	麻烦你了。	Máfan nǐ le.	ご迷惑をお掛けしました ／お手数をお掛けしました。
19	不要紧。	Bú yàojǐn.	大丈夫です。
20	太好了!	Tài hǎo le!	いいですね！
21	请原谅。	Qǐng yuánliàng.	お許しください。
22	不好意思。	Bù hǎo yìsi.	申し訳ありません。
23	没事儿。	Méi shìr.	何でもありません。
24	没问题	Méi wèntí.	問題ありません。
25	欢迎，欢迎。	Huānyíng, huānyíng.	ようこそ。
26	认识你很高兴。	Rènshi nǐ hěn gāoxìng.	お知り合いになれてうれしいです。
27	好久不见了。 ／好久没见。	Hǎojiǔ bú jiàn le. ／Hǎojiǔ méi jiàn.	お久しぶりです。
28	让你久等了。	Ràng nǐ jiǔ děng le.	お待たせしました。
29	我先走了。	Wǒ xiān zǒu le.	お先に失礼します。
30	一路平安。	Yí lù píng'ān.	道中ご無事で。
31	请留步。	Qǐng liú bù.	（お見送りには及びません→） どうぞそのままで。
32	请问。	Qǐngwèn.	お尋ねします。／すみません。

33	请进。	Qǐng jìn.	お入りください。
34	请坐。	Qǐng zuò.	お座りください。
35	请喝茶。	Qǐng hē chá.	お茶をどうぞ。
36	听不懂。	Tīngbudǒng.	（聞いて）分かりません。
37	请再说一遍。	Qǐng zài shuō yí biàn.	もう一度言ってください。
38	请再念一遍。	Qǐng zài niàn yí biàn.	もう一度読んでください。
39	请慢一点儿说。	Qǐng màn yìdiǎnr shuō.	ちょっとゆっくり話してください。
40	请等一下。	Qǐng děng yíxià.	ちょっとお待ちください。
41	等一等。	Děng yi děng.	ちょっとお待ちください。
42	生日快乐。	Shēngrì kuàilè.	お誕生日おめでとう。
43	新年快乐。	Xīnnián kuàilè.	あけましておめでとう。
44	我来介绍一下。	Wǒ lái jièshào yíxià.	私が紹介しましょう。
45	你姓什么？ ／您贵姓？	Nǐ xìng shénme? ／Nín guìxìng?	名前は（名字）は何といいますか。
46	你叫什么名字？	Nǐ jiào shénme míngzi?	名前は（名字・名）は何といいますか。
47	你多大了？	Nǐ duō dà le?	何歳ですか。
48	你几岁了？	Nǐ jǐ suì le?	（子供に）いくつ？
49	您多大岁数了？	Nín duō dà suìshu le?	おいくつになられましたか。
50	几年级？	Jǐ niánjí?	何年生ですか。

よく使うフレーズ

51	多少钱?	Duōshao qián?	いくらですか。
52	能便宜点儿吗?	Néng piányi diǎnr ma?	ちょっと安くできませんか。
53	你是哪国人?	Nǐ shì nǎ guó rén?	あなたはどこの国の人ですか。
54	你是哪里人?	Nǐ shì nǎli rén?	あなたはどこの出身ですか。
55	为什么?	Wèi shénme?	なぜですか。
56	不知道。	Bù zhīdào.	知りません。
57	怎么办?	Zěnme bàn?	どうしましょうか。

索引

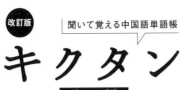

改訂版　聞いて覚える中国語単語帳

キクタン

中国語

【入門編】

中検準4級レベル

発行日	2021年4月21日（初版）／2024年6月17日（6刷）
監修者	内田慶市（関西大学名誉教授）
	沈国威（関西大学名誉教授）
著者	氷野善寛（目白大学外国語学部中国語学科准教授）
	紅粉芳惠（大阪産業大学国際学部教授）
	海暁芳（関西大学文化交渉学博士　北京市建華実験学校）
編集	株式会社アルク出版編集部、竹内路子（株式会社好文出版）
アートディレクター	細山田光宣
デザイン	柏倉美地（細山田デザイン事務所）
イラスト	大塚犬
ナレーション	姜海寧、北村浩子
音楽制作・編集	Niwaty
録音	galette studio（高山慎平）
DTP	新井田晃彦（有限会社共同制作社）、洪永愛（Studio H2）
印刷・製本	図書印刷株式会社
発行者	天野智之
発行所	株式会社アルク
	〒141-0001 東京都品川区北品川6-7-29　ガーデンシティ品川御殿山
	Website：https://www.alc.co.jp/

・落丁本、乱丁本は弊社にてお取り替えいたしております。
　Webお問い合わせフォームにてご連絡ください。
　https://www.alc.co.jp/inquiry/

地球人ネットワークを創る

アルクのシンボル
「地球人マーク」です。